Coleção Vértice
54

CARINHO E FIRMEZA
COM OS FILHOS

ALEXANDER LYFORD-PIKE

CARINHO E FIRMEZA COM OS FILHOS

Tradução de
Cristian Clemente

3ª edição

São Paulo
2023

Título original
Ternura y firmeza con los hijos

Copyright © 2003 do Autor

Capa
Gabriela Haeitmann

Dados Internacionais de Catalogação na Publicação (CIP)

Lyford-Pike, Alexander
 Carinho e firmeza com os filhos / Alexander Lyford-Pike; tradução de Cristian Clemente. – 3ª ed. – São Paulo : Quadrante, 2023 – (Coleção Vértice; 54)

Título original: *Ternura y firmeza con los hijos*.
ISBN: 978-85-7465-454-6

1. Confiança (Psicologia) 2. Educação de crianças 3. Firmeza 4. Pais e filhos I. Título. II. Série

CDD-649.1

Índice para catálogo sistemático:
1. Filhos : Educação : Pais e filhos : Vida familiar 649.1
2. Pais e filhos : Educação de filhos : Vida familiar 649.1

Todos os direitos reservados a
QUADRANTE EDITORA
Rua Bernardo da Veiga, 47 - Tel.: 3873-2270
CEP 01252-020 - São Paulo - SP
www.quadrante.com.br / atendimento@quadrante.com.br

INTRODUÇÃO

Não é fácil educar os filhos, sobretudo enquanto são pequenos. Depois de muitos anos de trabalho com problemas de comportamento, pareceu-nos útil resumir e explicar aos pais a experiência adquirida, a fim de ajudá--los na difícil tarefa de formar os filhos.

Ao longo dos anos, chegamos à convicção de que as crianças crescem seguras de si e com uma personalidade firme quando os pais conseguem transmitir-lhes a *segurança* e a *confiança* que, entre outras coisas, lhes permitirão assumir a responsabilidade pelos seus atos. Todos estamos de acordo nesta conclusão, que é fácil de expressar, mas difícil de praticar.

Nestas páginas, os pais encontrarão conselhos práticos que os ajudarão a tentá-lo. A experiência tem demonstrado que, na imensa maioria dos casos, se obtêm bons resultados na formação dos filhos quando se aplicam essas duas atitudes de forma coerente e habitual, sistema a que demos o nome de *Educação com Personalidade*.

O nome não é arbitrário, pois a Educação com Personalidade propõe-se desenvolver a firmeza da personalidade tanto nos pais como nos filhos. Afinal, é a firmeza dos pais que se transmite aos filhos e os ajuda a alcançar uma personalidade bem formada.

A base da Educação com Personalidade é a firmeza convenientemente combinada com o carinho. É essencial que ambos os elementos estejam integrados e em equilíbrio para que o esforço educativo tenha as maiores possibilidades de êxito. Um excesso de firmeza poderia redundar num autoritarismo contraproducente, mas se o excesso de carinho impedir ou diluir o exercício da firmeza, a tarefa educativa corre igualmente sério risco de fracassar. Encontrar a medida certa para esses dois elementos essenciais, sem se exceder na firmeza nem afogá-la em ternura, é a tarefa mais difícil que os pais enfrentam.

Além dos resultados que obtivemos ao trabalhar diretamente com muitos casos, foi-nos útil na elaboração deste livro o estudo aprofundado das conclusões de outros autores. São eles: Lee Canter, *Assertive Discipline for Children;* Gael Lindenfield, *Confident Children;* Fernando Corominas, *Educar Hoy,* e Fred Gosman, *¡Basta de niños malcriados!* A praticidade dos seus trabalhos facilitou-nos a tarefa de elaborar esta obra.

Também nos ajudaram as sugestões recebidas de inúmeras pessoas que merecem igualmente o nosso reconhecimento. Agradecemos de modo especial ao Dr. Daniel Flores, com quem compartilhamos ininterruptamente estes últimos dez anos de trabalho profissional. Ao Dr. Guillermo Castro e à psicóloga Ileana Caputto, o nosso agradecimento pelas contribuições sobre psiquiatria e psicologia infantis.

Para concluir, este livro não teria sido publicado sem o tenaz esforço do jornalista José María Orlando, de Paula Barbé de Gari e de Iván Pittaluga, que tiveram a árdua tarefa de nos perseguir – entre paciente e paciente e entre uma viagem de avião e outra –, a fim de conseguir que este manancial de ideias e pensamentos acabasse por se plasmar em letra impressa.

Este livro é deliberadamente breve para facilitar tanto a leitura quanto a aplicação das técnicas educativas que sugerimos. Se você quiser ter uma breve ideia dos assuntos tratados, pode começar por examinar as ilustrações, que exemplificam o tema principal de cada capítulo e que o informarão sobre os principais pontos que encontrará desenvolvidos no texto.

1
NÃO HÁ EDUCAÇÃO SEM AUTORIDADE

Na nossa sociedade, como em grande parte do mundo atual, há uma crise de autoridade dentro da família. Esta crise tem três efeitos graves:

1. Por um lado, corrompe o papel da instituição familiar como núcleo básico da organização social.
2. Por outro, prejudica a formação de crianças e jovens para uma vida adulta proveitosa.
3. Por sua vez, essa falta de formação toma os jovens de hoje incapazes de educar a geração seguinte, isto é, os filhos que vierem a ter, o que traz consigo uma deterioração progressiva da sociedade.

Para evitar semelhante catástrofe, é necessário exercer corretamente o *princípio da autoridade*. Quando os pais não conseguem traçar limites claros para os seus filhos, estão deixando de cumprir a sua obrigação de lhes transmitir uma imagem positiva com perfis bem definidos. E se eles não exercerem esse direito e esse dever indelegáveis, outros, com doutrinas, crenças e valores distintos, ocuparão o seu lugar.

A omissão no exercício da autoridade priva os filhos da orientação de que mais precisam e que mais esperam encontrar nos adultos: pontos de referência e modelos de conduta e aprendizado.

A autoridade paterna cumpre a sua função educativa quando é exercida com carinho, estímulo e paciência. A ausência destes requisitos essenciais converte-a num autoritarismo cujas consequências são tão perniciosas como a errônea permissividade que invadiu tantas sociedades modernas.

Os pais devem ser os primeiros e principais educadores dos filhos. Se estiverem ausentes ou não souberem exercer esse direito indelegável, outros, com doutrinas, crenças e valores distintos, ocuparão o seu lugar.

É preciso aprender a pôr limites aos filhos desde a mais tenra infância. Quando a família não o faz, é muito pouco provável que seja a sociedade a corrigi-los.

Correntes de pensamento do mais diverso cunho contribuíram para enfraquecer a autoridade dos pais. As ideologias liberal e materialista, promovidas em grande medida por Jean-Jacques Rosseau, difundiram a ideia de que o homem é bom por natureza e de que é o processo de socialização que o perverte.

Também o uso parcial de alguns aspectos da psicologia, principalmente a insistência em que reprimir as crianças poderia mais tarde causar-lhes traumas, influiu nesse processo. Esta ideia fez com que se espalhasse uma tolerância quase total com relação à conduta dos filhos, contrariando a realidade de que a sua formação exige precisamente o contrário.

Para algumas correntes da psicologia, corrigir os filhos é reprimi-los, isto é, criar-lhes traumas. Esta concepção – que vai contra o senso comum – causou uma permissividade quase total na sociedade contemporânea, o que confunde os pais e contribui para que a imaturidade humana se prolongue indefinidamente.

Até as primeiras décadas do século XX, os filhos seguiam padrões de conduta herdados dos pais, que por sua vez os tinham recebido das gerações anteriores. Essas normas regulavam desde temas como a boa educação, o modo de vestir-se, os bons modos à mesa ou a idade para começar a fumar, até a questão crucial da verdadeira formação moral.

A principal missão da vida dos pais é levar a família para a frente. Eles devem ter em mente – sobretudo os homens – que os seus filhos são o seu principal negócio. É impossível ser feliz se se fracassa na construção de uma família feliz.

A sua aplicação não era inalterável, mas adaptava-se gradualmente às mudanças da realidade social de uma geração para a outra. Esse processo educativo foi varrido, porém, por ideias e convulsões sociais que levaram à atual situação crítica em que se encontram muitas famílias.

Normas, critérios e modelos

Os filhos têm necessidade de encontrar normas, critérios e modelos claros nos seus pais. O fracasso de muitas famílias neste aspecto é fonte potencial de transtornos de comportamento em crianças e jovens, que podem chegar em alguns casos a desenvolver atitudes gravemente antissociais.

O exercício da autoridade de forma assertiva e responsável ajuda decisivamente na educação dos filhos pelos pais no seio do núcleo familiar.

A autoridade assertiva ou afirmativa significa que se põem em prática permanentemente os direitos e deveres mútuos entre pais e filhos, de uma maneira equilibrada e flexível ao mesmo tempo.

Se os pais cumprem a sua obrigação de formar bem os filhos, estes percebem de forma clara e proveitosa os limites dos seus direitos e o alcance das suas obrigações nas diversas etapas da sua formação e do seu crescimento.

Este equilíbrio obtém-se principalmente através do exercício da autoridade por parte dos pais. A ausência desta transforma o filho num barco à deriva. Se o autoritarismo reprime de forma contraproducente a liberdade dos filhos, já a autoridade assertiva – ou seja, o exercício da autoridade paterna da forma que mais ajude o filho a formar a sua personalidade – não só não se opõe à liberdade (como proclamam os partidários do permissivismo), mas alenta e fortalece essa liberdade, na medida em que a dota do sólido fundamento de uma personalidade bem formada.

A palavra latina *auctoritas* significa "apoiar para crescer". Em sentido próprio e rigoroso, a autoridade exerce-se cabalmente em função da liberdade. É ela que permite que a liberdade individual não entre em choque com as liberdades coletivas nem com as das outras pessoas. Quando é exercida de forma autêntica, é sempre um serviço à liberdade.

A ausência da autoridade paterna converte a criança num barco à deriva, uma vez que não lhe transmite modelos a imitar nem lhe ensina que as condutas inadequadas devem ser modificadas, melhoradas.

Não é este um conceito abstrato e isolado. Não é abstrato, porque se exerce nos afazeres cotidianos concretos. Não é isolado, porque só pode ser exercido em função das liberdades individual e coletiva.

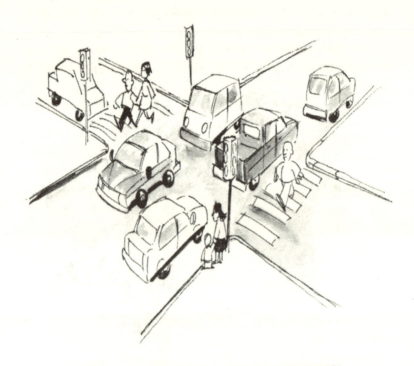

> Mediante uma educação que una o carinho à firmeza, obtêm-se a ordem e a harmonia da personalidade, estimulando as tendências de integração social e inibindo as condutas antissociais.

Apoiar para crescer

A tarefa de educar talvez seja a maior missão que uma pessoa pode ter. Não basta trazer um filho ao mundo: é preciso educá-lo, e os primeiros responsáveis por essa tarefa, diante de Deus e da sociedade, são os pais. Essa responsabilidade não pode ser transferida para mais ninguém – nem para a escola, nem para o Estado. O pai e a mãe são o apoio e a esperança dos filhos até que tenham aprendido a manter-se por si próprios, como o "tutor" que se põe ao lado da muda recém-plantada para assegurar que cresça reta.

Depois de plantada, uma arvorezinha tende a crescer reta, buscando a luz e integrando-se no seu ambiente. Mas, durante o período inicial precisará estar atada a uma estaca para que o seu crescimento se mantenha ereto enquanto ela finca as raízes na terra, até alcançar a firmeza que lhe permitirá desenvolver-se sozinha.

Se isto se aplica a um nível de vida tão elementar como o é a vida vegetativa, na qual não há a necessidade de se mover ou de raciocinar para alimentar-se, crescer e reproduzir-se, quanto mais não se aplica a uma pessoa que reúne em si tanto a vida vegetativa como a animal e a intelectual!

No caso do ser humano, esse "tutor" deve ser *adaptável, flexível* e *firme*.

Ser a estaca ou "tutor" equivale, para os pais, a exercer a autoridade, impondo critérios para evitar desvios ou corrigi-los quando acontecem. Isto é o que significa *apoiar para crescer*. Ensinar a crescer é fazer com que os filhos aprendam a aproveitar de maneira favorável e operativa, na sua própria vida, as experiências dos pais, num clima de liberdade e responsabilidade.

> *Pau que nasce torto, morre torto.* O exercício da autoridade por parte dos pais é como o "tutor", a estaca que orienta a árvore recém-plantada e lhe permite crescer reta.

A *operatividade* significa que os filhos devem alcançar uma capacidade de escolha justa e equilibrada entre as opções que se lhes apresentam durante o crescimento. Saber escolher o melhor para a própria vida é saber ser livre.

Na interação que estabelecem com os filhos, os pais realizam permanentemente uma atividade formativa. Como se trata de um processo contínuo, a autoridade corre o perigo de desgastar-se. A melhor forma de evitar esse desgaste é o exercício judicioso da autoridade.

É um erro esperar até que os filhos se tornem ingovernáveis ou que fracassem todas as outras tentativas de comunicação com eles. A autoridade pertence à própria essência do processo educativo, e deve ser aplicada desde o primeiro momento.

É um erro esperar até que os filhos se tornem ingovernáveis... para só então tentar corrigi-los. É preciso atuar já na primeira infância.

Um grave erro antropológico

Essa realidade às vezes é deixada de lado em consequência de um grave erro antropológico que se toma como ponto de partida: o de ignorar a desordem inata presente em todos nós, que nos leva frequentemente a não fazer o que queremos e a fazer o que não queremos. Essa desordem existente na natureza humana conduz ao obscurecimento da inteligência e ao enfraquecimento da vontade, impedindo que a consciência psicológica atinja os fins a que se propôs.

Todos nascem com uma semente de decomposição de caráter antissocial. É algo que se percebe especialmente quando as crianças menores se mostram cruéis nas suas brincadeiras, no relacionamento com outras crianças (por exemplo, com as que têm algum defeito físico) ou até com os próprios pais.

Exemplifiquemos estes tipos de situações com dois casos reais:

- Depois de zangar-se com a sua mãe, que não o deixava sair para brincar na rua porque chovia, um garoto de nove anos saiu da casa, pegou uma pedra e atirou-a contra a janela da cozinha, onde estava a mãe. O vidro espatifou-se com a pedrada e um dos cacos a feriu. Ao perceber o que tinha feito, o menino voltou correndo, chorando muito e pedindo perdão à mãe quase desesperadamente, enquanto lhe dizia: "Eu te amo! Eu te amo!"

- Já tarde da noite, certo médico recebeu o telefonema de um pai desesperado com o filho, que ameaçava a mãe com uma faca. O panorama que encontrou na casa era desolador: quadros, tapetes e até móveis rasgados a facadas. Ao menos, não havia sinais de sangue. O filho estava fechado no quarto, soluçando e

> A semente da decomposição antissocial manifesta-se já nas próprias crianças, especialmente quando mostram lampejos de crueldade nas suas brincadeiras e no relacionamento com as outras crianças (como as que têm algum defeito físico), bem como com os pais.

pedindo perdão. Embora tivesse encostado uma faca no pescoço da mãe minutos antes, agora não parava de gritar: "Mamãe, eu te amo, eu te amo!"

Esta última situação ocorreu no caso de um rapaz com sérios transtornos de personalidade. Seja como for, reflete em grau extremo a presença desses germes de amor e de ódio, de bem e de mal nas pessoas: a capacidade de construir e destruir.

Quando a família não impõe limites no começo, é muito difícil que a sociedade consiga fazê-lo mais tarde; ou o fará de maneira agressiva, ou não saberá como proceder. Com efeito, a imensa maioria dos rapazes que acabam viciados em drogas e das moças com anorexia nervosa provêm de famílias mais ou menos desestruturadas ou indiferentes, em que não encontraram os necessários limites durante a sua fase de formação infantil.

Em todas as pessoas estão presentes as sementes do amor e do ódio, do bem e do mal, do construir e do destruir. Ignorar essa desordem inata é um grave erro antropológico.

A educação é, em grande medida, um meio de ordenar as potências desencontradas que existem na personalidade da criança. E será o exercício de uma educação firme por parte dos pais (bem como dos educadores) que reorientará no próprio íntimo da pessoa os instintos antissociais, levando-a a integrar-se na sociedade de maneira útil, positiva e harmônica.

2
O QUE É A EDUCAÇÃO COM PERSONALIDADE?

A Educação com Personalidade significa que os pais:
1. fazem valer eficazmente os seus direitos, ao mesmo tempo que respeitam os direitos dos filhos;
2. fazem com que os filhos percebam e compreendam a mensagem que desejam transmitir, na qual se incluem os desejos, interesses e sentimentos dos próprios pais;
3. tomam posição quanto ao que deve ser feito com relação aos filhos e levam a cabo o que tiverem decidido, sem mudanças de opinião que possam demonstrar fraqueza de ânimo.

Isto traz consigo a responsabilidade de formular a mensagem que mais ajude a educar um filho numa situação determinada; de transmiti-la de maneira adequada – ou seja, com eficácia de tomar decisões que assegurem o cumprimento dessa mensagem; e de fazer com que a criança assuma a responsabilidade pelas consequências dos seus atos.

Dar uma ordem de forma vaga ou voltar atrás na exigência de que o filho a cumpra são atitudes que prejudicam o processo educativo. Se a indicação não é clara, compreensível e direta, a criança sentir-se-á menos induzida a cumpri-la. Se o pai e a mãe anunciam uma decisão, mas depois voltam atrás, a criança entenderá que tem margem para fugir ao seu cumprimento, tanto nesse caso como nos futuros.

Todas as pessoas incluem-se num de três grupos, de acordo com a atitude que tomam diante de uma situação que provoca alguma forma de conflito. Podem ser:

Inseguras	Agressivas
Não conseguem fazer valer eficazmente os seus direitos, necessidades e afetos. Sempre prevalecem os direitos dos outros.	Impõem os seus direitos sem se importarem com os dos outros,
Atitude SUBMISSA	Atitude DOMINADORA

A atitude que os pais devem ter está entre esses dois extremos:

Com PERSONALIDADE

Conseguem fazer valer eficazmente os seus direitos, respeitando os direitos dos outros. Dizem o que pensam. Sabem dizer "não".

Atitude ASSERTIVA:
firme e flexível ao mesmo tempo

Esta divisão não é categórica, mas dinâmica e cambiante. Muitas pessoas ver-se-ão refletidas em mais de um desses grupos conforme a situação em que se encontrem na interação com os filhos.

Seja como for, conhecer esquematicamente esses três tipos de atitude poderá ajudar os pais a atuar assertivamente, exercendo a autoridade da forma adequada. Têm de ser conscientes de que tanto uma atitude submissa e insegura como a contrária, isto é, uma atitude dominadora e agressiva, transmitem mensagens igualmente ineficazes. A mensagem adequada e eficaz é comunicada pela atitude assertiva, acompanhada por uma firmeza equilibrada e pela flexibilidade requerida por cada situação.

A função de primeiros e principais educadores que os pais detêm exige deles, sem sombra de dúvida, uma atitude educativa assertiva.

Assertividade

O conceito de assertividade aplica-se de forma permanente na relação diária entre pais e filhos, uma vez que se aplica a situações que surgem a cada passo. Vejamos alguns exemplos:

- É noite e há visitas em casa; a sua filha de quatro anos ainda está acordada, embora já seja tarde. Como é natural, está cansada e irritadiça, mas nega-se a ir para a cama. Você compreende que ela não queira perder a oportunidade de entreter-se com as visitas, mas sabe também que, para o bem dela, deve ir dormir. Como conseguir que se vá deitar?

- Os seus dois filhos vivem em constante conflito. Discutem, xingam-se mutuamente e chegam a brigar. Você já tentou separá-los, conversar com eles durante as reuniões familiares, compreender a razão das brigas, mas os conflitos continuam. O assunto já se tornou insuportável. Que fazer?

– Uma mãe trabalha em período integral e precisa de que o seu filho adolescente colabore em algumas tarefas do lar. Ele, porém, nega-se a fazê-lo e insiste em que "odeia receber ordens". A mãe percebe que os amigos do filho não têm esse tipo de responsabilidades em casa, mas está cansada demais no fim do dia para fazer tudo sozinha. Falou com o filho até enjoar, mas ele continua negando-se a fazer o que lhe é pedido. Como conseguir que colabore?

Diante de situações deste tipo, os pais devem desenvolver condutas específicas para que os filhos os escutem. Como veremos, há formas positivas e eficazes de tratar das situações de conflito e fazer com que os filhos cheguem a compreender que os pais são a autoridade.

Antecipamos que, para ajudar os filhos a entendê-lo, você deve transmitir-lhes mensagens do seguinte estilo:

"Amo você demais para permitir que se comporte assim. Este seu problema de comportamento tem de terminar, e estou disposto a fazer o que seja necessário para que compreenda que falo sério".

É preciso acrescentar, porém, que não se demonstra autoridade apenas com ameaças, correções e castigos, mas com ajuda e estímulo, como adiante veremos; e igualmente quando se tem a honestidade de reconhecer os próprios erros.

O QUE É A EDUCAÇÃO COM PERSONALIDADE? 29

Esta é a mensagem que os pais devem transmitir aos filhos diante das condutas inapropriadas. Assim ficará claro que não há contradição entre amá-los muito e exigir muito deles.

Três princípios

É mais fácil tomar um homem capaz de curar doentes, ensinar matemática ou apagar incêndios do que ensiná-lo a ser um bom pai. Aliás, não se trata apenas de "ser pai", como se a paternidade fosse um título profissional genérico, mas de ser pai do João ou da Paula, do Martim ou da Maria: ou seja, de umas crianças que têm características próprias e, por isso mesmo, precisam ser tratadas de forma individual pelos pais.

Educar é ir à frente, é preparar-se, e exige dos pais o esforço de estudar e assistir a cursos e conferências. Há muita experiência acumulada, prática e acadêmica, que pode ajudá-los e servir-lhes de orientação na sua difícil e apaixonante tarefa. Concretamente, existem três capacidades-chave para o exercício da autoridade assertiva que todos os pais podem e devem aprender:

1. *Falar claro:* Significa usar a forma de expressão mais conveniente para conseguir que os filhos escutem. A comunicação assertiva exige dos pais que falem da maneira adequada, que reforcem as palavras com algumas técnicas simples não-verbais e que saibam que linguagem empregar para pôr fim às discussões.

> Ninguém nasce sabendo educar. É mais fácil aprender a curar doenças, ensinar matemática ou apagar incêndios do que aprender a educar os filhos.

2. *Respaldar as palavras com atos:* Para todas as crianças, os atos dizem mais do que as palavras, porque lhes demonstram claramente e sem deixar margem a dúvidas que os pais não se limitam a falar, mas estão dispostos a lançar mão de medidas corretivas se for necessário. Os pais devem planejar previamente essas medidas a fim de estarem preparados para agir em situações imprevistas; se apenas exortarem, mesmo que o façam assertivamente, os filhos não lhes darão ouvidos nem lhes obedecerão.

3. *Estabelecer regras de jogo firmes:* Significa estabelecer um plano sistemático de medidas corretivas diante do comportamento inadequado de um filho, caso a comunicação assertiva e o reforço das palavras com atos venham a mostrar-se insuficientes. Regras de jogo estabelecidas com antecedência informam as crianças de que determinado comportamento impróprio da sua parte provocará determinada resposta dos pais, ajudando-as a crescer em responsabilidade.

Estas três capacidades, que detalharemos nos capítulos seguintes, constituem a base da Educação com Personalidade, e devem ser aplicadas à medida que a formação individual de cada criança o exigir.

Educar é tomar todas as medidas para que o filho cresça retamente, e isso exige *disciplina*. Durante os anos em que o caráter está em formação, os pais devem estabelecer essa disciplina com maior ou menor intensidade, conforme os desvios que observem no comportamento da criança.

> Há muita experiência acumulada que pode ajudar e orientar os pais na sua difícil e apaixonante tarefa.

Ao nascer, o ser humano é o animal mais incompleto, inacabado, frágil e indefeso que existe. Ao contrário do que acontece com o bezerro, que pode muito bem ser separado da vaca um dia depois de nascer – desde que seja bem alimentado –, afastar uma criança dos pais é nefasto, tanto um dia depois do nascimento, como um mês, um ano ou seis ou doze anos.

Essa insuficiência, essa falta de autonomia do ser humano obriga-o a depender dos outros para poder desenvolver-se, crescer e formar-se corretamente. Durante a primeira etapa da vida, precisará constantemente do *apoio afetivo*, mas também da *orientação disciplinada* do núcleo social básico que é a família, a fim de poder atuar plenamente tanto nessa esfera como, mais tarde, no âmbito mais amplo da sociedade inteira.

Se alcançar este objetivo, terá conseguido a sua condição de sujeito social, radicalmente voltado para os outros, aberto e interligado com eles, mas sem perder essa individualidade que o toma único e irrepetível.

Em suma, o adequado nível de disciplina dentro da educação assertiva dos filhos no âmbito familiar deve ter em conta o modo de ser de cada um – a sua ordem e a sua desordem, a sua individualidade e a sua sociabilidade –, mas também aquilo que ele *deve ser*.

Obstáculos

O exercício adequado da assertividade, sem excessos nem encolhimentos, requer pois um equilíbrio que não é fácil de atingir. Em algumas ocasiões, você pode sentir-se incapaz de exercer a autoridade na medida exata exigida pela situação que o seu filho enfrenta, quer porque age severa ou brandamente demais, quer porque não sabe como mudar para tratar esse filho da maneira correta e para ajudá-lo melhor.

Quando um pai assume ou toma consciência de que existe alguma situação conflitiva com um filho, pode responder de maneira demasiado forte ou direta. Muitos sentem que fracassaram quando os seus filhos só os levam a sério depois de eles terem imposto as suas decisões pela força.

Outros pais foram instruídos por educadores que lhes afirmaram que deviam evitar todo o tipo de atitude "inflexível" ou "autoritária" e procurar sempre uma abordagem "psicológica" para os conflitos, sem levar em consideração a gravidade das condutas a serem corrigidas. Essa abordagem psicológica – que leva por exemplo a apenas falar com os filhos sobre os motivos do seu mau comportamento – é correta em si mesma, mas incompleta, como uma moeda que só tivesse uma face. Deve sempre fazer-se acompanhar de uma mensagem clara e precisa sobre aquilo que os pais esperam dos filhos e quais são os meios para que se corrijam.

Outro obstáculo que os pais costumam encontrar ao lidarem com situações problemáticas é que frequentemente tendem a aplicar aos filhos os mesmos padrões de conduta que lhes foram ensinados a eles, mas que podem muito bem não se aplicar a uma geração posterior. É comum que as crianças de hoje, por influências externas, se comportem de maneira diferente da dos seus pais, quando estes tinham a mesma idade. Isto induz os pais a manifestar as suas preocupações dizendo coisas deste tipo: "Eu nunca me comportei como faz o meu filho", ou "O meu filho diz coisas que eu nunca teria sequer pensado".

Isto pode muito bem ser verdade, mas acomodar-se nessa atitude equivale a declarar-se derrotado numa luta que mal começou. É verdade que educar hoje em dia é muito mais difícil do que antigamente, entre outras razões porque o núcleo familiar está mais ameaçado, intimidado e pressionado. Em contrapartida, porém, as relações entre pais e filhos são muito menos rígidas e os canais de comunicação estão mais abertos. Basta saber usá-los para que a água corra mais clara e cristalina.

O QUE É A EDUCAÇÃO COM PERSONALIDADE? 35

Dadas as características da sociedade atual, os filhos estão muito expostos a influências externas à família que incutem neles modelos e padrões de conduta diferentes dos dos pais. Muitas vezes, a maneira de educar de uma geração não serve para a seguinte. Além de tornar mais difícil a tarefa educativa, isso também pode criar obstáculos ao crescimento dos próprios filhos: hoje em dia, é mais difícil superar a adolescência do que há vinte anos.

Os impedimentos que mencionamos podem levar um pai à frustrante conclusão de que não pode fazer nada para melhorar o comportamento dos filhos. Muito pelo contrário! Apenas lhe falta dispor das ferramentas adequadas e da autoconfiança necessária para administrar cada situação com firmeza e flexibilidade, isto é, assertivamente.

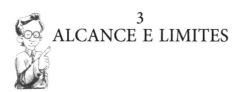

3
ALCANCE E LIMITES

Antes de passarmos a explicar em detalhe como pôr em prática as três capacidades comunicativas que mencionamos – a *adequada comunicação com os filhos, o não ficar nas palavras, mas respaldá-las com atos sempre que seja necessário*, e o *fixar clara e firmemente as regras do jogo* – é importante alertar sobre o seu alcance e os seus limites.

O plano que exporemos nestas páginas foi pensado para pais que precisam e querem melhorar o comportamento dos filhos. Trata-se de influir de maneira mais positiva na sua conduta antes que seja tarde.

As três capacidades em que se baseia constituem um programa de ação integrado e global que, para obter um êxito mais completo, deveria ser executado em três etapas, de acordo com a ordem em que as apresentamos. Essa aplicação sistemática aumentará o seu efeito didático.

As técnicas que vamos detalhar também podem ser usadas isoladamente numa intervenção paterna específica em determinada conjuntura. É frequente que os pais, em função do modo de ser dos filhos ou deles mesmos, apliquem espontaneamente alguma das três capacidades mencionadas, mas raramente usam as três, e muito menos de forma habitual.

Vejamos um caso: a caçula de uma mãe de quatro filhos – uma menininha de três anos – negava-se a comer o que tinha pedido num restaurante de *fast-food*. A certa altura, a mãe passou o braço sobre os ombros da filha e, falando-lhe suavemente, começou a levar-lhe à boca a comida recusada. A garotinha, alentada pela atitude materna, pôs-se a comer sem birras. Essa mesma mãe, no entanto, trata frequentemente os seus filhos aos gritos quando a deixam nervosa.

Neste caso, essa mãe teve a atitude correta, embora cometa um erro quando não segue o mesmo caminho no relacionamento habitual com os filhos, isto é, quando não aplica de forma ordenada e contínua as etapas que mencionamos.

Conseguir que os filhos mudem de conduta e de hábitos não é um processo fácil e menos ainda repentino. Abrange múltiplos fatores que por sua vez se combinam de maneiras diversas. O objetivo deste livro não é impor normas rígidas e infalíveis aos pais, mas oferecer-lhes pontos de referência e apoio. Ao aplicarem as técnicas sugeridas, devem ter em conta que a sua capacidade de persuasão pessoal é a arma mais eficaz para alcançar o necessário nível de comunicação com os filhos.

O plano que descreveremos foi escrito para pais de filhos pequenos que não apresentam alterações graves de comportamento antes de entrarem na adolescência. A partir desse período, embora ainda conserve o seu valor, a autoridade dos pais resultará principalmente do prestígio que tenham sabido conquistar durante a infância dos seus filhos.

Nos casos de crianças com problemas graves de conduta – isto é, aquelas que não é possível modificar apenas por meio das sugestões do bom senso ou das orientações contidas neste e em outros manuais práticos para pais e educadores a Educação com Personalidade também pode ajudar, mas não pode nem deve substituir os cuidados de um profissional especializado ou dos grupos de orientação e apoio.

> Conseguir que os filhos mudem de comportamento não é fácil nem repentino, mas é perfeitamente possível. Algumas atitudes dos pais revelam que se deram por vencidos cedo demais.

4
O QUE NÃO SE DEVE FAZER

Antes de começarmos a estudar os métodos para melhorar o comportamento dos filhos, convém que avaliemos a forma como reagimos habitualmente quando não nos dão ouvidos ou nos "tiram do sério", deixando-nos com uma sensação de frustração e impotência.

Muitos pais – talvez a maioria – não percebem até que ponto é ineficaz o modo como reagem diante de um comportamento indesejável dos filhos. Com frequência, não percebem que as suas respostas incitam os filhos a manter e até a acentuar a conduta inconveniente.

As reações ineficazes podem ser agrupadas em duas categorias:

– *Respostas inseguras*; e
– *Respostas hostis ou agressivas*.

Se você for como a maioria dos pais, com certeza reconhecerá algumas das respostas ou reações que referimos como exemplos neste capítulo.

4.1. RESPOSTAS INSEGURAS

As respostas inseguras fracassam porque os pais não comunicam claramente aos filhos o que esperam deles.

Uma resposta é insegura quando não transmite à criança, de forma precisa, facilmente compreensível e firme, o que se espera que ela faça.

Quando os pais respondem dessa forma, abrem as portas para que os filhos ignorem as suas palavras e até se aproveitem deles, porque, mesmo sem o perceberem claramente, dão a entender aos filhos que não estão falando a sério ou que não têm a fortaleza necessária para corrigi-los.

Relacionamos a seguir alguns exemplos de respostas paternas tipicamente não-assertivas diante de comportamentos indesejáveis dos filhos e mostramos por que não funcionam.

Afirmações ineficazes

Mãe: "Pedi que você arrumasse o seu quarto e você ainda não o fez".

A criança continua a não atender ao pedido da mãe que, diante dessa atitude, suspira frustrada: "Você nem me dá bola".

Esse tipo de reação, embora evidencie que muitos pais consideram conveniente mostrar aos filhos que se estão portando de maneira inadequada, pressupõe que as crianças não têm consciência de estar agindo mal e que, se a tivessem, abandonariam imediatamente a sua conduta inconveniente.

Ora, quando as crianças fazem alguma coisa errada, em geral têm plena consciência disso. Dizer-lhes apenas que se estão comportando mal é uma mensagem incompleta, pois não transmite de forma clara e definida o que realmente se quer que façam nem quando devem fazê-lo.

O pedido da mãe para que o filho arrume o quarto, seguido unicamente pela queixa de que ele não lhe faz caso, dilui a instrução e tira-lhe força, permitindo que o filho simplesmente a ignore. É a indefinição da reação materna o que toma completamente ineficaz a sua insegura comprovação da desobediência filial.

A comprovação de uma conduta inadequada nos filhos pode levar os pais, desconcertados, a pretenderem averiguar as causas desse comportamento impróprio. No entanto, isso apenas enfraquece a sua autoridade, pois a criança não sabe ou não quer manifestar por que age assim. Se perseverarem nessa atitude, os pais, ao invés de *educar*, passarão a *negociar* de igual para igual com os filhos, o que é inadmissível.

Perguntas (seguem-se frequentemente às afirmações ineficazes)

Depois de se limitarem a comprovar passivamente a conduta inadequada da criança, muitas vezes os pais, cansados ou desconcertados, agravam ainda mais a falta de assertividade da sua reação com perguntas como: "Por que você se comporta mal comigo?", ou "Por que você não presta atenção ao que lhe digo?"

Esse tipo de perguntas em tom de reclamação não funciona porque raramente o filho pode ou quer explicar o *motivo* do seu comportamento impróprio ou a *razão* pela qual não faz caso dos pais, mesmo que tenha plena consciência de estar agindo de maneira indevida. Muitas crianças limitam-se a encolher os ombros, indicando que não sabem por que se comportam mal ou que não se importam com isso.

A maioria dos pais pensa que, se conseguirem levar o filho a dizer por que procedeu de maneira errônea, estarão induzindo-o a reconhecer os seus erros e a deixar de cometê-los. Apesar de esta convicção ter bases razoáveis, na prática as coisas são mais complicadas. Se a criança não sabe ou não consegue explicar a razão pela qual se porta de determinada maneira, as perguntas inseguras dos pais não a ajudarão a compreender ou a perceber os motivos dos seus erros.

Outros exemplos:

Filho (saindo sem terminar a lição de casa, para ir até a casa de um amigo): "Até logo, mãe".

Mãe (exasperada): "Quantas vezes tenho que lhe dizer que termine a lição de casa antes de sair?"

> Muitos pais pensam erradamente que, se conseguirem que os filhos reconheçam as causas da sua conduta inapropriada, deixarão de segui-la. Ora, a imaturidade psicobiológica das crianças não lhes permite fazer isso.

    A pergunta da mãe é insegura, porque só transmite o desgosto materno, sem expressar autoridade nem oferecer instruções. Evidentemente, ela não espera que o filho lhe responda: "Preciso que você me diga isso nove vezes", mas está apenas expressando a sua fraqueza por meio dessa frustração. A reação assertiva da mãe seria, neste caso, proibir o filho de sair de casa enquanto não terminasse os deveres.

Uma situação similar ocorre no seguinte diálogo:

Filho (depois de quebrar a janela com uma bolada):
"Pai, quebrei o vidro".

> As indicações em forma de pergunta não só não transmitem claramente o que se espera da criança, como também manifestam falta de convicção, fraqueza ou insegurança.

Pai (irritado): "Você tem ideia de quanto custa um vidro novo?"

É claro que o pai não espera que o filho lhe diga qual é o preço do conserto, mas a sua reação insegura por meio da pergunta não chega a transmitir a verdadeira mensagem: que um descuido irresponsável da parte do filho causou um prejuízo econômico à família.

As perguntas inseguras refletem simplesmente o fato de que as crianças sabem muito bem tirar os pais do sério quando estes se mostram incapazes de agir com firmeza.

Pedidos

Mãe: "Vá dormir".
Filho: "Não estou com sono".
Mãe: "Já é tarde e estou cansada. Por favor, vá dormir".
Filho: "Mas eu não estou cansado".
Mãe: "Mas eu estou. Por favor, vá para a cama".

Quando os pais se dirigem aos filhos por meio de pedidos, estão implorando a sua compaixão. Isto não costuma ser razão suficiente para que as crianças deixem de comportar-se de maneira imprópria, pois não compreendem até onde vai o cansaço de um adulto, que é diferente do cansaço deles. Pior ainda, a súplica por compreensão e piedade por parte dos filhos transmite a estes uma imagem de insegurança e fragilidade que induz à desobediência.

Pedir à criança que compreenda o adulto e tenha piedade dele transmite uma imagem paterna de fragilidade e fraqueza, que induz à desobediência e até ao desprezo. Assim se perdem o prestígio e a autoridade e não se apresenta ao filho um modelo atraente a ser imitado.

Ignorar as desobediências

Também revela insegurança dar uma ordem determinada ao filho para que se comporte corretamente e depois fechar os olhos se ele não obedece.

Quando o pai dá uma ordem e o filho não a cumpre, é indispensável tomar medidas para levá-lo a obedecer. O contrário é o mesmo que dizer: "Tenho que lhe dar esta ordem, mas se você não me obedecer, não se preocupe que não lhe acontecerá nada". Por exemplo:

Mãe: "Cecília, você deixou o piso do banheiro todo molhado. Vá secá-lo".
Cecília (recostada no sofá, lendo uma revista): "Sim, mãe, já vou".
Mãe (vários minutos depois): "Cecília, eu já disse que é para você largar essa revista e ir secar o piso do banheiro!"
Cecília: "Já vou, já vou! Deixe-me só acabar de ler".
O tempo passa e Cecília continua a ler no sofá. A mãe pode vê-la da cozinha, mas, derrotada, finge que não percebeu a desobediência e continua com o seu trabalho.

Quando se tenta disciplinar os filhos e depois se faz vista grossa, ensina-se as crianças a não levarem a sério o que lhes é dito. Se você der uma ordem, certifique-se de que será cumprida, ou não a dê. Caso contrário, estará enfraquecendo a sua autoridade e destruindo em consequência a sua eficácia como educador.

Há pais que, sentindo-se incapazes de pôr ordem na conduta dos filhos ou vendo-se derrotados nas tentativas anteriores de fazê-lo, optam por conformar-se com aquilo que deveriam corrigir. Por exemplo:

Uma senhora visita uma amiga cujo filho de doze anos ligou o aparelho de som do seu quarto num volume ensurdecedor.
Amiga: "Como é que você aguenta esse barulho?"
Mãe: "Que vou fazer? Já cansei de pedir ao Augusto que abaixe o volume do som, mas ele não me obedece. É como se eu falasse com as paredes; venceu-me pelo cansaço".

* * *

Todos os exemplos que mencionamos, e que são apenas uma amostra das inúmeras situações semelhantes que ocorrem no relacionamento cotidiano entre pais e filhos, denotam reações inseguras por parte dos pais, que vão desde frases indiretas e pouco claras até uma indevida tolerância do comportamento inconveniente. Pais que tomam essas atitudes demonstram que não sabem como expressar uma ordem precisa, que não têm firmeza para garantir o seu cumprimento e, finalmente, que se dão por vencidos com facilidade. São três atitudes que prejudicam os filhos, ao invés de formá-los.

Dar uma instrução sem se certificar de que será cumprida é o mesmo que dizer ao filho: "Tenho que lhe dar essa ordem, mas se não me obedecer, não se preocupe, pois não lhe acontecerá nada". Agir assim é minar os alicerces da educação.

4.2. RESPOSTAS HOSTIS OU AGRESSIVAS

A hostilidade e a agressão por parte dos pais constituem o segundo tipo de reações estéreis. Representam uma equivocada mistura de autoritarismo com incapacidade de conseguir que os filhos se comportem adequadamente.

Quanto mais você gritar com o seu filho, mais transmitirá a sensação de fraqueza e descontrole e menos autoridade terá. As crianças, dotadas de uma extraordinária capacidade intuitiva, percebem perfeitamente a perda de controle e isso as incita a uma luta pelo poder que subverte o processo educativo normal.

As formas verbais que humilham os filhos, transmitindo-lhes hostilidade ou violência da parte dos pais, representam uma desastrada mistura de autoritarismo e incapacidade. Atitudes como essa podem levar inicialmente à submissão, mas depois dão lugar à rebeldia.

São formas improdutivas e até perigosas de agir, porque não fazem com que o filho compreenda as razões pelas quais se deve portar bem e além disso ignoram as suas necessidades e os seus sentimentos.

Por outro lado, a reação hostil, agressiva ou sem conteúdo leva a criança a distanciar-se dos pais por se sentir rejeitada por eles. Vejamos alguns exemplos bastante frequentes:

– *Frases que rebaixam os filhos:*
"Você é uma praga!"
"Sem-vergonha irresponsável!"

Quando os pais transmitem nas ordens ou reações a sua falta de autodomínio, sepultam a sua própria imagem, o que incita os filhos à rebeldia e à desobediência.

– *Frases que revelam falta de autodomínio:*
"Você me deixa louco!"
"Você me deixa doente!"

– *Ameaças sem conteúdo:*
"Você vai ver!"
"Você vai-me pagar tudo por junto!"

Muitas vezes, esse tipo de ameaças segue-se a frases como: "Se você continuar a comportar-se mal, eu vou...", ou "Se você brigar de novo com o seu irmão, eu vou..." No fundo, são modos de ignorar a falta que originou a repreensão, atitude não-assertiva agravada pela ameaça pouco realista de uma forma futura, indefinida e imprecisa, de castigo.

A maioria das crianças aprende muito cedo que frases como "Se você voltar a fazer isso, eu vou..." não costumam ser levadas a sério porque os pais acabam por não cumprir o castigo prometido. As crianças aprendem assim a não dar importância a frases desse tipo e continuam a comportar-se como bem entendem.

As crianças aprendem desde cedo a não levar a sério as ameaças sem conteúdo, que são a arma dos pais fracos, sem recursos e como que apanhados de surpresa.

O QUE NÃO SE DEVE FAZER 55

* * *

As respostas hostis ou agressivas tendem a gerar sentimentos negativos entre você e os seus filhos, e por isso é importante evitá-las. Quanto mais gritar com os seus filhos, mais ineficaz será. Os gritos mostram-lhes claramente que você perdeu o controle de si mesmo e da situação, e que eles ganharam terreno.

Castigos excessivos

É frequente que os pais "errem a mão" à hora de castigar os filhos. Quando impõem castigos demasiado severos, muitas vezes têm de anular depois a sua decisão, o que transmite à criança uma mensagem de fraqueza e incoerência.

O castigo geralmente é útil se tiver sido pensado de antemão e com tranquilidade, para ser proporcionado à gravidade do comportamento castigado. Mas acontece muitas vezes que se reduz ao produto de uma explosão momentânea de ira ou frustração, ao invés de ser uma medida corretiva bem planejada. Vejamos um exemplo:

Martim, de doze anos, devia voltar para casa às oito da noite, mas só chegou da casa do amigo às onze, quando os pais já tinham terminado de jantar. O pai, furioso, disse-lhe que era "um vagabundo sem consideração" e que não sairia de casa durante um mês exceto para ir ao colégio.

Uma semana depois, a mãe liberou-o do castigo, comentando com uma amiga: "Não o aguentava mais dentro de casa. Incomodava-me o tempo todo e dizia que estava aborrecido e que não sabia o que fazer! Nem o pai o suportava mais".

O resultado final desse castigo excessivo, imposto de forma desordenada e impulsiva num momento de fúria paterna, foi que Martim chegou à conclusão de que os castigos que os pais lhe aplicavam não eram sérios e que não tinha por que se preocupar com eles de futuro.

> Quando o castigo é excessivo, muitas vezes os pais fazem marcha-a-ré, o que transmite a mensagem de que não vale a pena levá-los a sério, pois são uns incoerentes.

O QUE NÃO SE DEVE FAZER 57

Castigos físicos

Os puxões de cabelo, beliscões, empurrões ou tapas são quase sempre resultado de uma explosão paterna impensada, e têm um efeito negativo sobre a educação da criança. Esta percebe claramente que os gritos e os castigos físicos indicam que o pai não consegue fazê-la comportar-se bem ou que não é capaz de manter-se firme na demarcação dos limites.

A agressão física e as explosões verbais acompanhadas de cara feia representam normalmente uma reação paterna impensada e têm um efeito negativo sobre a educação da criança, porque a levam a sentir-se desorientada e rejeitada. Esse distanciamento atrapalha a boa comunicação e impede as chamadas "surras educativas", baseadas no afeto.

Acontece com frequência que um pai habitualmente inassertivo, submisso e permissivo com os filhos explode um dia e descarrega a sua frustração através de alguma das muitas formas de agressão física. Semelhante atitude tem um efeito ainda pior sobre o filho, pois essa oscilação do pai entre dois extremos igualmente inconvenientes deixa-o desorientado e rejeitado.

É importante deixar claro que uma surra bem dada, quando se avisou anteriormente que esse seria o castigo por uma determinada falta grave de comportamento e além disso houve por trás dela todo um esforço corretivo calculado, pode ser altamente eficaz. Neste caso, pode-se falar com toda a razão de uma "surra educativa". No entanto, como regra geral, sempre é preferível evitar os castigos físicos.

5
COMUNICAÇÃO EFICAZ

As reações e respostas inseguras e agressivas que descrevemos no capítulo anterior levantam um muro de isolamento entre pais e filhos, dificultando a comunicação na família e reduzindo a probabilidade de que os esforços educativos realmente levem à formação de uma personalidade firme nos filhos. Vejamos agora a forma eficaz de comunicar-se com os filhos. Os princípios que estudaremos, utilizados normalmente por muitos pais e educadores, não consistem senão na aplicação constante e coerente de um misto de senso comum, carinho, calma e firmeza para conseguir que os filhos pré-adolescentes percebam e entendam a mensagem que se pretende transmitir-lhes e assim estejam mais dispostos a acolhê-la.

Para que as atitudes descritas a seguir tenham êxito, é necessário aplicá-las de forma permanente, sem interrupções, claudicações ou desânimos. Se a primeira etapa do sistema, ou seja, a comunicação assertiva, bastar para melhorar a atitude dos filhos, não é necessário recorrer às outras etapas, mais severas. Mas se a primeira etapa não for suficiente, e um ou mais filhos continuarem a comportar-se mal, será preciso recorrer à segunda etapa e depois, se necessário, à terceira.

Para comunicar-se de maneira eficaz com os filhos, ou seja, fazê-los entender o que se quer deles, é necessário aplicar quatro técnicas-chave de comunicação, que são:

– *linguagem assertiva adequada*;
– *mensagens sem palavras*;
– *controle das discussões*;
– *reconhecimento das condutas boas*.

5.1. LINGUAGEM ASSERTIVA E CLARA

A experiência de muitos profissionais ao longo dos anos mostra que, se os pais estão decididos a fazer com que os filhos desobedientes passem a comportar-se como é de desejar, dirigem-se a eles com frases diretas e assertivas. Esta atitude é útil e correta e reflete-se em mensagens como:

"Quero que você arrume o seu quarto NESTE EXATO MOMENTO!"
"Você tem EXATAMENTE CINCO MINUTOS para arrumar o banheiro e vir para a mesa".
"Pare de perturbar o seu irmão AGORA".

Tais mensagens diretas e assertivas não deixam dúvidas na mente dos filhos quanto ao que você quer exatamente que façam e quando.

Seja concreto ao falar. Evite frases vagas e imprecisas como "seja bom" ou "comporte-se como um menino da sua idade", que são meramente a expressão de um desejo e não transmitem nenhuma instrução precisa, clara, calma e firme.

Os casos a seguir exemplificam este tipo de frases:

Pai (com calma e firmeza, ao filho que lhe diz que não quer interromper a brincadeira em que está empenhado): "Compreendo que você queira continuar brincando, mas já é hora de comer e quero que guarde esses brinquedos no seu lugar AGORA MESMO".

Mãe (à filha que está no quarto, falando ao telefone): "Andreia, já terminou a lição de casa?"

Andreia (do quarto): "Não, mãe, estou falando ao telefone com a Paula".

Falar direta e assertivamente não deixa dúvidas na mente dos filhos sobre o que queremos que façam. Isso não os intimida, mas transmite-lhes segurança, porque nada é melhor para eles do que ver que os pais têm personalidade.

Mãe (vai até o quarto da filha, senta-se ao seu lado na cama e diz de maneira calma e firme): "Andreia, quero que desligue IMEDIATAMENTE e termine a lição AGORA MESMO".

Faltam quinze minutos para o jantar. A mãe entra no quarto do filho de sete anos, onde há brinquedos espalhados por todo o chão.

Mãe: "Pedro, o jantar está quase pronto. Arrume o seu quarto JÁ e venha sentar-se à mesa EM DEZ MINUTOS".

5.2. MENSAGENS SEM PALAVRAS

Para transmitir à criança uma mensagem assertiva, clara e inequívoca, é necessário complementar o uso das palavras com um modo de expressão adequado.

Se, ao ordenar ao filho que arrume o quarto "AGORA MESMO!", você gritar e estiver com raiva, demonstrará um descontrole autoritário que fará com que a mensagem tenha um resultado negativo. Para que a sua ordem alcance o efeito desejado, você deve entender que a forma como fala é tão importante quanto aquilo que diz.

Para obter um resultado melhor e fazer com que as palavras adequadas tenham mais força comunicativa, siga os seguintes pontos:

- *nunca levante a voz ao pedir ou dar ordens*;
- *fale sempre em tom firme, mas calmo*;
- *transmita tranquilidade ao dar uma ordem ou instrução, o que mostrará à criança que é você quem controla a situação*;
- *sempre fale com os filhos olhando-os nos olhos.*

Este último aspecto é tão importante como os anteriores. O contato visual é fundamental para a comunicação humana. Olhar a criança nos olhos enquanto se fala aumenta a eficácia de qualquer mensagem, pois o olhar reflete o carinho e a firmeza que há por trás daquilo que se está dizendo.

Um ponto importante: por vezes, a criança fugirá ao olhar paterno, baixando ou virando a cabeça. Nesse caso, levante ou gire suavemente a cabeça do filho até que os olhos de ambos se encontrem.

A importância do olhar em todas as formas do relacionamento humano reflete-se na frase popular "os olhos são o espelho da alma". É o que se pode ver pelo episódio que contamos a seguir.

Olhar nos olhos da criança enquanto se fala aumenta a eficácia de qualquer mensagem, pois reflete o carinho e a firmeza que há por trás daquilo que se diz.

Uma atriz gravava um filme publicitário. O diretor dizia-lhe que a postura, os gestos, as palavras e o sorriso estavam bem, mas os olhos não. Apesar de se repetirem diversas vezes as tomadas, não foi possível melhorar a produção. O motivo era que a atriz se tinha separado do marido no dia anterior; embora todos os elementos externos da sua atuação fossem impecáveis, não conseguia transmitir a mensagem com os olhos, que somente refletiam o impacto do seu problema familiar.

Para dar mais ênfase e força às palavras, vale a pena acompanhá-las com gestos que não intimidem a criança. Geralmente, esses gestos comunicam à criança que você fala a sério. Tenha sempre presente, porém, a enorme diferença que há entre o gesto útil, que enfatiza, e o gesto contraproducente, que intimida.

Segurar com violência o braço da criança para sacudi-la ou beliscá-la, ou então apontar-lhe o indicador na cara enquanto se lhe dá uma ordem, enfraquece a mensagem que se quer transmitir e fazer entender. Se o filho obedecer apenas por submissão amedrontada, a mensagem fracassou.

A criança deve obedecer porque entende que é isso o que deve fazer, não por estar assustada ou simplesmente para safar-se de uma irada repreensão paterna. Se a sua reação for pensar: "É melhor fazer o que me mandam até a tempestade passar", a mensagem foi mal expressa. Os pais devem transmitir a mensagem de tal maneira que leve à conclusão de que "o papai evidentemente está falando a sério, e por alguma razão será; portanto, é melhor fazer o que ele diz, mesmo que eu não goste".

O pai ou a mãe obtêm esse importante resultado positivo estabelecendo com a criança um contacto físico que lhe transmita calma, carinho e firmeza, nunca uma irritação agressiva, que só lhe incutiria medo ou lhe aumentaria ainda mais a rebeldia.

Assim, se você puser a mão sobre o ombro da criança enquanto lhe fala olhando-a nos olhos, fortalecerá a sua mensagem porque estará transmitindo com firme sinceridade a sua determinação de ajudá-la, não de agredi-la ou de descarregar nela a sua própria frustração paterna.

A mão do pai sobre o ombro do filho pode ter mais peso e significado do que as palavras. A calma, o carinho e a firmeza transmitidos pelo contato físico predispõem a criança a aceitar as mensagens paternas.

5.3. CONTROLE DAS DISCUSSÕES

Há cinco técnicas básicas para lidar com as situações que se apresentam quando os filhos, em vez de obedecer à ordem dos pais, respondem com diversos tipos de argumentos, numa tentativa de iniciar uma discussão. Essas técnicas evitam que os pais caiam em argumentações estéreis, nas quais os filhos não esgrimem razões válidas, mas apenas tentam criar desculpas para ignorar ou obscurecer a ordem paterna. Essas técnicas são conhecidas como:

– o *disco riscado*;
– o *nevoeiro*;
– a *interrogação negativa*;
– a *extinção*; e
– o *tempo fora*.

Técnica do disco riscado

Sucede frequentemente que, quando se quer apenas dizer ao filho o que ele deve fazer, o resultado seja uma longa discussão. Por exemplo:

Mãe: "Ricardo, você pode por favor guardar os seus brinquedos? Estão espalhados pelo quarto inteiro".

Ricardo: "Por que sempre sou eu que tenho de guardá-los? O Alberto nunca guarda nada".

Mãe: "Porque você sempre deixa as coisas espalhadas e ele não".

Ricardo (nervoso): "Você sempre implica comigo!"

> Diante dos diversos problemas que surgem na formação dos filhos, você tem à sua disposição uma série de técnicas simples que podem orientá-lo adequadamente, tornando mais eficaz a sua tarefa educativa.

Mãe (com ar de ofendida): "Isso não é verdade!"
Ricardo: "Você está sendo injusta!"
Mãe: "Você está errado, eu não sou injusta!"
Etc.

Neste caso, a mãe acabou por perguntar-se se era ou não justa e afinal deu-se por vencida, ao invés de estabelecer com firmeza o que queria, ou seja, que o Ricardo guardasse os brinquedos.

Você nunca ganhará uma discussão com uma criança. Mas há um meio útil para ajudá-lo a evitar que os filhos o induzam a entrar em discussões inúteis e a manter-se centrado no seu objetivo: a técnica do "disco riscado".

O nome deriva de que você, quando usa essa técnica, parece um disco riscado, que repete uma e outra vez a mesma coisa, até conseguir que a mensagem penetre e seja aceita.

Quando você aprender a falar como um disco riscado, será capaz tanto de conseguir expressar o que quer como de fazer com que a mensagem penetre. Ao mesmo tempo, aprenderá a ignorar os esforços da criança para desviá-lo do tema e envolvê-lo numa discussão que nunca poderá ganhar.

Voltemos ao exemplo do Ricardo, desta vez exemplificando a aplicação dessa técnica:

Mãe: "Ricardo, você pode por favor guardar os seus brinquedos? *(afirmação do que quer)* Estão espalhados pelo quarto inteiro".
Ricardo: "Por que sempre sou eu que tenho de guardá-los? O Alberto nunca guarda nada".
Mãe (com a voz tranquila): "Essa não é a questão. Quero que você guarde os brinquedos" *(repetição, disco riscado).*
Ricardo (acalmando-se): "Está bem, já ouvi, vou guardá-los agora".

Apresentamos a seguir uma série de sugestões sobre como usar o "disco riscado" quando os filhos se põem a argumentar:

– Determinar claramente o que quer que a criança faça. No caso mencionado: "Quero que guarde os brinquedos".

Técnica do "disco riscado". Em geral, os adultos ignoram que é impossível vencer qualquer discussão com uma criança. A técnica do disco riscado é muito útil para ajudar os pais a manter-se concentrados no seu objetivo, ao invés de entrarem em discussões inúteis com os filhos.

- Continuar a repetir a ordem quando a criança começar a replicar. Não responder a nenhum dos seus argumentos.

- Se depois de usar o "disco riscado" durante um tempo considerável a criança ainda não obedecer, você deve estar disposto a reforçar as suas palavras com ações.

O exemplo a seguir mostra como aplicar estas sugestões e integrar os gestos na técnica do "disco riscado":

Pai (olhando o filho nos olhos e com a mão sobre o seu ombro): "Raul, pare de perturbar o seu irmão" *(com isto, o pai estabeleceu especificamente o que quer).*
Raul: "Não é culpa minha, foi ele que começou".
Pai (com firmeza): "O problema não é esse. Pare de perturbar o seu irmão" *(disco riscado).*
Raul: "Por que vocês sempre querem castigar-me, só a mim?"
Pai (com firmeza): "Raul, pare de perturbar o seu irmão *(disco riscado).* Caso contrário, ficará de castigo até a hora de ir para a cama".
Raul: "Por que vocês só implicam comigo?"
Pai (calmo): "Raul, se voltar a perturbar o seu irmão, ficará de castigo até a hora de dormir" *(disco riscado).*

Técnica do nevoeiro

Esta técnica tem por fim evitar que os filhos deixem os pais nervosos quando se fazem de surdos ou dão respostas provocativas para que os pais percam o domínio de si próprios e da situação. A expressão significa que se procura assim isolar e proteger os pais das tentativas de manipulação dos filhos, como um barco ou uma pessoa que entra num nevoeiro e se isola de tudo o que tem ao redor. Por exemplo:

Ricardo: "Você é má comigo".
Mãe (calmamente): "Pode ser que você ache que sou má" *(nevoeiro).*
Ricardo: "Você sempre briga comigo".
Mãe (calmamente): "Você talvez pense que eu sempre brigo com você" *(nevoeiro).*

Técnica do "nevoeiro". Quando se usa essa técnica, os filhos ficam sem argumentos e não se distraem da mensagem que você lhes quer transmitir. Por outro lado, torna-se também mais fácil para os pais manter a serenidade e a calma, tão necessárias para formar filhos com personalidade.

Esta técnica, combinada com a do "disco riscado", ajuda por um lado a não revidar às críticas dos filhos e a não se desviar do objetivo em vista; por outro, a fazer com que a ordem seja obedecida. No exemplo que vimos:

Mãe: "Guarde os seus brinquedos".
Ricardo: "Você é má. Por que sempre sou eu quem tem de guardá-los?"
Mãe (com calma): "Você pode achar-me má *(nevoeiro)*, mas guarde os seus brinquedos" *(disco riscado).*
Ricardo: "Sempre sou eu o prejudicado".
Mãe (com calma): "Você talvez ache que sempre é o prejudicado *(nevoeiro)*, mas guarde os seus brinquedos" *(disco riscado).*

É muito provável que esta última frase acabe por atingir o alvo e que o Ricardo obedeça.

Técnica da interrogação negativa

Uma reação hostil por parte de um filho pode esconder sob a capa da agressividade a verdadeira razão do seu descontentamento. A técnica da interrogação negativa pode conduzi-lo gradualmente ao verdadeiro motivo da sua primeira reação agressiva. Por exemplo:

É o aniversário de Maria. A sua mãe está ocupada nos preparativos da festa, mas Maria mostra uma atitude de crítica negativa. O diálogo desenvolve-se desta forma:
Maria: "O bolo ficou péssimo".
Mãe: "Que é que ele tem de péssimo, Maria?" *(interrogação negativa).*

Maria: "Ficou feio".
Mãe: "E por que ficou feio?" *(interrogação negativa).*
Maria: "Porque as minhas amigas vão rir dele" *(este é o ponto que verdadeiramente afeta a garota).*
Mãe: "Por que você acha que elas vão rir?" *(interrogação negativa).*
Maria: "Porque elas sempre implicam comigo e caçoam de mim e também não querem brincar comigo".
Mãe: "E só caçoam de você?" *(interrogação negativa).*
Maria: "É".
Mãe: "Mas algumas vezes devem caçoar das outras meninas também, não é?"
Maria: "Sim, algumas vezes sim".
Mãe: "Você não acha que elas caçoam de você para deixá-la nervosa e divertir-se à sua custa?" *(interrogação negativa).*
Maria: "É, eu fico nervosa e paro de brincar com elas".
Mãe: "E o que você poderia fazer para não ficar nervosa e continuar brincando?" *(esta é a pergunta que importa para se chegar à verdadeira solução do problema).*
Maria: "Não ligar para o que dizem".
Mãe: "Muito bom, Maria. Pois essa é exatamente a forma de evitar que os outros caçoem de você".

Lembre-se de que, quando os seus filhos lhe fazem críticas agressivas, querem levá-lo a perder o controle. Se você der respostas que neutralizem a agressão, esta se esfumará, especialmente se, de pergunta em pergunta, conseguir levar a criança a encontrar a verdadeira razão da sua agressividade e apresentar-lhe uma solução.

Técnica da extinção

É muito útil para suprimir ou extinguir comportamentos indesejáveis no filho. As crianças mantêm ou não determinadas condutas de acordo com os resultados que geram. Quando os resultados crescem, também aumenta a probabilidade de que a conduta se repita. O que reforça esse modo de comportar-se são as suas consequências, conhecidas por isso mesmo como *reforçadores*.

Os reforçadores podem ser positivos ou negativos. Os positivos incorporam ou acrescentam alguma coisa ao ambiente da criança depois que esta tomou determinada atitude. Os negativos tiram alguma coisa do ambiente da criança em resposta à sua má conduta.

Quando um comportamento não é reforçado, isto é, quando se eliminam os seus reforçadores, a sua frequência diminui até desaparecer. Dois exemplos:

- Se uma mãe dá ao filho de cinco anos um doce de cada vez que este se põe a chorar, o que faz é reforçar o hábito de chorar a todo o momento, que continuará a repetir-se mesmo que não haja razões justificadas.

- Se se obriga uma criança pequena que tem medo do escuro a dormir com todas as luzes apagadas, reforça-se a sua conduta inconveniente, e o medo da escuridão continuará.

No primeiro caso, o hábito de chorar sem motivo deve ser desestimulado, ou seja, deve-se evitar reforçá-lo com alguma forma inapropriada de consolo, como dar um doce à criança ou tomá-la nos braços, que é justamente o que ela procura obter por meio da repetição do choro. No começo, o seu choro será mais intenso, numa tentativa de atrair mais a atenção diante da falta de resposta; a seguir, porém, ir-se-á extinguindo pouco a pouco.

Técnica da extinção.
Há um princípio psicológico que afirma que todo o estímulo não respondido se extingue. Quando não se satisfaz uma exigência inadequada dos filhos, há inicialmente uma explosão de choro para chamar a atenção e forçar uma resposta favorável. A seguir, o choro ir-se-á extinguindo até cessar.

No segundo caso, os pais devem procurar um método que realmente ajude a criança a perder o medo do escuro, como, por exemplo, acender um abajur durante algum tempo e observar a reação gradual do filho, até perceber que perdeu o medo.

Técnica do tempo fora

Consiste em coibir o comportamento indesejado da criança tirando-a do ambiente ou da situação inconveniente que estimula o seu mau comportamento. Um exemplo:

Um garotinho atira bolinhas de miolo de pão durante a refeição e os seus irmãos divertem-se com isso. A mãe ordena-lhe que pare, mas, incitado pelo riso dos irmãos, que celebram a sua atuação imprópria, continua a lançar projéteis de pão a torto e a direito.

O mais eficaz será tirá-lo da mesa e levá-lo para comer sozinho, no quarto. Assim deixará de ser o centro das atenções. Separado do ambiente ou das circunstâncias que alimentavam o comportamento inadequado, este tende a desaparecer.

Embora a aplicação desta técnica nem sempre seja simples, é preciso mostrar-se firme e não se deixar arrastar para discussões nem dar ouvidos às pseudo-razões da criança, para demonstrar-lhe que quem estabelece as regras do jogo são os pais. Assim conseguirão demarcar limites e manter a ordem doméstica.

* * *

Técnica do "tempo fora".
Um garotinho atira bolinhas de miolo de pão durante a refeição e os seus irmãos divertem-se com isso. A mãe ordena-lhe que pare, mas, estimulado pelos irmãos, continua com a "proeza". O mais eficaz é tirá-lo da mesa e levá-lo para comer sozinho em outro lugar, onde deixará de ser motivo de caos familiar e ninguém aplaudirá o seu mau comportamento.

As cinco técnicas propostas não são as únicas, mas costumam ser as mais úteis e práticas à hora de exercer a autoridade. Além do mais, podem ser combinadas a fim de administrar determinada situação. O exemplo a seguir combina as táticas do disco riscado, do nevoeiro e da interrogação negativa, demonstrando igualmente o assim chamado *compromisso viável*.

O compromisso consiste num acordo que se faz com a criança e que fomenta a sua responsabilidade, pois mostra-lhe que não se pode ganhar sempre e que muitas vezes é necessário chegar a um acordo conveniente. Os acordos não têm necessariamente que satisfazer todas as necessidades e desejos.

Passemos ao exemplo:

Pai: "Na semana passada, você chegou quatro vezes atrasado para o jantar, e estava na casa dos vizinhos!"
Filho: "Não foi culpa minha. Não dava para voltar a tempo".
Pai: "Compreendo muito bem que você tenha a impressão de que não era possível voltar a tempo, porque caso contrário teria chegado na hora certa *(nevoeiro)*. Mas não interessa aqui saber de quem é a culpa. Só quero que você esteja em casa à hora do jantar" *(disco riscado)*.
Filho: "Está bem".
Pai: "Isso foi o que você me disse da última vez em que conversamos. Não acredito no que você me diz quando fala assim, como se estivesse apenas querendo livrar-se de mim".
Filho: "Não, de verdade, não vai acontecer de novo".
Pai: "Vamos esclarecer as coisas. Explique-me por que você tem a sensação de que não consegue chegar a tempo" *(sugestão de um compromisso viável)*.
Filho: "Você não vai entender".
Pai: "Talvez não, mas tentarei".

Filho: "Acontece que fico com vergonha de ter que voltar para casa antes do que os meus amigos".
Pai: "E por que você tem vergonha de voltar para casa antes do que os outros?" *(interrogação negativa).*
Filho: "Eu me sinto uma criança quando você vem chamar-me para voltar para casa".
Pai: "E por que você se sente uma criança quando vou chamá-lo para voltar para casa?" *(interrogação negativa).*
Filho: "Porque os pais dos outros não os fazem voltar para casa às oito e meia".
Pai: "Então eles não jantam?"
Filho: "Ah, não sei".
Pai: "Ou eles jantam mais tarde que nós, ou os pais deles não se importam se os filhos jantam ou não. O que você acha?"
Filho: "Acho que jantam mais tarde".
Pai: "Pois bem, amanhã, se você ficar lá e for o último a voltar para casa, preste atenção no que os outros dirão quando se forem embora" *(compromisso viável).*
Filho: "Para quê?"
Pai: "Quero saber a que horas os outros vão jantar" *(compromisso viável).*
Filho: "Talvez eles fiquem lá até bem tarde".
Pai: "Você não acha que eles terão fome quando já for tarde?".
Filho: "Acho que sim".
Pai: "E não acha que, quando eles sentirem fome, vão preferir ir para casa jantar?"
Filho: "Acho que sim".
Pai: "Acha que eles ficarão lá só porque você também vai ficar?"
Filho: "Você acha que eles também têm vergonha?"
Pai: "Não. Acho que lhe perguntarão se você não está com fome e por que não vai para casa jantar".
Filho: "Sério?"

Pai: "Sim. Você não sente fome antes de jantar?"
Filho: "Claro".
Pai: "E você acha que fome é motivo para ficar com vergonha?"
Filho: "Não".
Pai: "Então, o que você acha de lhes dizer que está com fome e quer vir para casa comer em vez de esperar que eu vá chamá-lo? Será que continuarão a achar que você é muito criança?" *(compromisso viável).*
Filho: "Não".
Pai: "Será que amanhã à noite você será de novo o último a chegar em casa?"
Filho: "Não".

As técnicas que descrevemos podem ser ensinadas às crianças para que as utilizem no trato com os irmãos, companheiros de brincadeiras e outras pessoas.

5.4. RECONHECIMENTO DO BOM COMPORTAMENTO

A assertividade demonstrada ao comunicar clara e firmemente ao filho o que o pai quer que ele faça deve ser complementada pelo reconhecimento do bom comportamento. É muito importante que, quando o filho escutar e obedecer, o pai reaja com alguma forma de reconhecimento, o que incentivará a criança a perseverar no bom comportamento.

O equilíbrio com que você deve tratar o seu filho consiste em impor as medidas corretivas ou disciplinares *necessárias*, e depois, quando ele se corrigir e melhorar de conduta, demonstrar-lhe a sua satisfação pelo resultado. Não se deve descuidar, além disso, os elogios pelas boas condutas espontâneas.

Para encontrar o ponto de equilíbrio, sugerimos que você faça a si próprio este tipo de perguntas:

- Como reajo quando o meu filho, habitualmente contestatário e implicante, passa a obedecer sem protestar a cada coisa que lhe peço?

- Qual a minha atitude quando ele vem do colégio com boas notas, depois de um período em que habitualmente chegava com notas baixas?

- Como me comporto ao ver as crianças brincarem tranquilamente e sem brigas, quando o usual era que as suas brincadeiras terminassem em gritos e tapas?

- Elogio o que fazem bem espontaneamente, ou pelo contrário calo-me por achar que, quando se comportam bem, não fazem mais que a obrigação?

Não é raro que os pais deixem de perceber a importância do elogio ou de outras formas de alento quando as crianças se comportam adequadamente. É importante ter presente que o bom estado emocional das crianças exige que tenham confiança em si mesmas, e o reconhecimento que recebem de seus pais é essencial para isso.

Respostas paternas usuais como "Que bom!" ou "Que lindo!" são assertivas, mas às vezes dizem-se de forma tão rotineira, com tão pouca ênfase e escassa penetração, que se tornam insuficientes. Quando os filhos se comportam de modo adequado, você tem de estar pronto para reforçar-lhes a conduta por meio do reconhecimento.

O reforçador demonstrará à criança que você aprova e aprecia o seu bom comportamento. Não aceite as melhoras de comportamento como algo natural e esperado, e que portanto não requereria um reconhecimento especial. Pelo contrário, demonstrar apreço e alegria diante do comportamento adequado (reforçador) comunicará à criança tanto o carinho como o senso de justiça do pai.

O seu filho precisa da sua atenção. Se não a obtiver portando-se de forma desejável e positiva, buscá-la-á portando-se de forma indesejável e negativa. As palavras de ânimo, pronunciadas da maneira certa e no momento certo, demonstram à criança a atenção e a preocupação dos pais e ajudam--na a manter-se no bom caminho.

O elogio

Os pais assertivos estão sempre atentos ao enorme impacto que os seus elogios podem ter. Utilizam-nos não apenas para ajudar a fortalecer a sadia autoestima dos filhos, mas também para lhes ensinar condutas apropriadas.

O elogio não deve ser impensado, mas medido de acordo com o nível de reforço que se queira dar. Não elogie desmedidamente uma melhora pequena, mas também não seja parco quando a criança tiver dado um passo importante na melhora da sua conduta.

Se por exemplo as notas escolares melhoraram, mas ainda não atingiram o nível que seria necessário, não diga ao filho: "Esplêndido, está muito bom", e sim: "Melhorou bastante, mas ainda falta alguma coisa. Um pouco mais de esforço e você terá conseguido passar de ano".

O elogio é o reforçador positivo mais útil de que você dispõe. É uma das ferramentas mais importantes para fazer com que os filhos saibam que você reconhece o bom comportamento e se alegra com ele. A sua utilidade pode ser comprovada quando se dizem ao filho (desde que ele o mereça) coisas como:

"Muito bem, você arrumou todas as suas coisas sozinho!"
"Você está de parabéns hoje porque fez bem a sua lição".
"Obrigada pela grande ajuda que você me deu em casa hoje".

Muitas vezes, os pais não percebem a importância das palavras de incentivo quando os filhos se comportam adequadamente.
É preciso ter em conta que o bom estado emocional das crianças requer que elas tenham confiança em si mesmas. Para isso, o reconhecimento dos pais tem um papel essencial.

Você deve ter em conta as seguintes orientações ao elogiar os seus filhos:

- Diga-lhes especificamente o que é que lhe agrada no que eles fizeram ou estão fazendo.
- Ao elogiá-los, caminhe para eles ou esteja perto deles, olhando-os nos olhos e, se for conveniente, afagando--lhes os ombros ou a cabeça para aumentar a penetração da mensagem.
- Nos elogios, evite sempre toda e qualquer ressalva de sarcasmo e de comentário negativo. A forma mais rápida de desestimular a criança é diluir os comentários positivos com expressões como:

"Que bom que você limpou o seu quarto hoje! Já era hora..."
"Hoje você se comportou tão bem que nem consigo acreditar".

Esse tipo de comentários é, na verdade, uma forma encoberta de hostilidade e faz com que as crianças experimentem sentimentos de frustração com relação aos pais.

O elogio pode ser reforçado. Vejamos como:

- *Primeiro:* elogie o seu filho por se ter comportado bem. Por exemplo:
  Mãe (a Maria): "Você ajudou-me muito em casa".

- *Segundo:* elogie o seu filho na frente de outro adulto. Por exemplo:
  Mãe (falando ao pai com a filha presente): "A Maria facilitou-me muito o trabalho doméstico. Não imagina quanto ela me ajudou!"

- *Terceiro:* que o outro adulto parabenize a criança, reforçando o elogio. Por exemplo:
Pai (a Maria): "Fiquei muito feliz com o que a mamãe me contou. Você é realmente uma filha muito especial".

Ao lado dos elogios verbais, há os elogios não-verbais: uma carícia ou um abraço por parte dos pais podem significar tanto como um "Que bom!" ou até mais. Um sorriso, um gesto, uma palmada no ombro comunicam o seu apoio e reconhecimento diante da conduta apropriada do filho.

6
RESPALDAR AS PALAVRAS COM ATOS

Quando a comunicação assertiva descrita no capítulo anterior não dá o resultado esperado e as crianças continuam a comportar-se inadequadamente apesar dos esforços dos pais, chegou o momento de respaldar as palavras com atos.

Ao chegar a este ponto, é necessário que os pais:

- *Tenham certeza de que aquilo que exigem dos filhos é o melhor para eles.* Antes de tomar medidas de caráter disciplinar, certifique-se de que a mensagem que foi desobedecida estava correta. Por exemplo, se você mandou o seu filho "fazer a lição imediatamente", deve estar certo de que era mesmo inadiável ou pelo menos mais conveniente fazê-la naquele momento. Se na verdade não era necessário exigir dele que a fizesse "imediatamente", se ele podia muito bem fazê-la meia hora mais tarde, depois de terminar de assistir ao desenho animado na televisão, não agrave o seu erro castigando-o por não ter obedecido a uma ordem que já foi inicialmente mal dada.

- Se você já prevê que as suas ordens, mesmo comunicadas assertivamente, vão ser ignoradas, *programe* com antecedência as medidas que tomará para reforçar as suas palavras. Essas medidas só terão consequências positivas se fizerem com que a criança compreenda que estava errada. Caso a sua mensagem não penetre e a criança continue a não compreender o porquê das ações dos pais, o seu comportamento só piorará. Por isso, *nunca improvise*.

Para cumprir este objetivo, convém lançar mão de três táticas complementares entre si, que asseguram os melhores resultados:

– *usar ações corretivas*;
– *saber como agir quando os seus filhos tentarem pô-lo à prova*;
– *reforçar positivamente as condutas adequadas através de diversas formas de estímulo ou recompensa*.

6.1. AÇÕES CORRETIVAS

Como acabamos de ver, *a chave da eficácia das medidas corretivas está em prever*, sem esperar que os filhos ignorem a sua mensagem ou reiterem as condutas improcedentes, para só então pensar no que há de fazer. *Se educar é dirigir, dirige melhor quem vai à frente e não atrás dos acontecimentos*. Quanto mais preparados estiverem os pais para respaldarem as suas palavras com atos, mais ajudarão os filhos a parar de comportar-se inadequadamente.

As medidas corretivas sempre devem consistir em privar as crianças de fazer algo de que gostam ou em obrigá-las a fazer algo que as contraria, mas *nunca podem causar-lhes nem danos físicos nem psicológicos*. Você deve decidir, por exemplo,

É muito importante que os pais reservem algum tempo para trocar ideias sobre sobre o modo de ser e os problemas de comportamento dos filhos, além das medidas que tomarão para prevenir os problemas. Quanto mais preparados estiverem, mais segurança, confiança e firmeza terão.

- se vai mandar a criança para o quarto por um determinado período de tempo;
- se não a deixará jogar futebol ou brincar com as bonecas;
- se não lhe permitirá que saia no fim de semana.

As orientações a seguir ajudá-lo-ão a determinar rapidamente as medidas de que pode valer-se se os filhos não lhe derem ouvidos.

Isolamento ("Pôr de castigo")

Consiste em separar a criança de qualquer outra pessoa e colocá-la numa situação pouco estimulante ou entediante, como ficar sentada ou parada num lugar pouco atraente da casa, ficar no quarto ou numa sala vazia. Nunca, porém, trancá-la num armário ou coisa parecida.

Se for preciso impor essa medida disciplinar a mais de um filho simultaneamente, será preferível que a cumpram separadamente em lugares diferentes.

Quando o castigo for imposto por um determinado período de tempo, marque-o com um relógio que se encontre à vista do filho, para que este saiba quando termina a correção.

É importante certificar-se de que o castigo é alguma coisa de que a criança não gosta. Se você descobre que o seu filho não se importa de ficar no quarto, troque a punição por outra que surta efeito, como retirar-lhe um brinquedo ou algum privilégio, como veremos a seguir.

Outras punições

- *Retirar privilégios:* significa privar temporariamente as crianças de alguma atividade habitual que lhes agrade, como comer fora de horas, brincar fora de casa, ver televisão, falar ao telefone...

- *Condicionar condutas agradáveis:* informar aos filhos que não serão autorizados a fazer o que querem se antes não cumprem o que você lhes indica. Por exemplo: "Você não poderá usar o videogame enquanto não tiver arrumado o seu quarto".

Retirar privilégios.
Significa retirar temporariamente às crianças a dedicação a alguma atividade habitual agradável. É uma forma prática de ajudá-las a aprender que os seus atos têm consequências, além de serem bons ou maus em si mesmos.

- *Ação física:* significa levar fisicamente os filhos pequenos a fazer o que você considera mais conveniente. Trata-se, por exemplo, de tomá-los pelo braço – suavemente, mas com firmeza – e conduzi-los ao lugar onde deixaram um brinquedo jogado, para que o recolham.

A ação deve ser decidida, mas nunca brusca ou dolorosa, evitando cair em atitudes agressivas como tapas, sacudidas, beliscões ou qualquer outra forma de violência.

A ação física que reforça as palavras deve ser firme e suave, evitando as atitudes agressivas como o tapa, a sacudida ou qualquer forma de violência. Os pais têm o direito e o dever de agir desta maneira, manifestando assim uma personalidade firme que será ponto de apoio para o crescimento dos filhos.

Proporcionalidade das ações corretivas

Deve haver uma proporção lógica entre as condutas inapropriadas e as medidas corretivas. Os exemplos a seguir podem ajudá-lo a planejar as reações que terá diante de algumas atitudes problemáticas dos filhos:

Conduta-problema	Consequência lógica
Habitualmente, a sua filha de doze anos ouve música em volume muito alto.	Proibi-la de ouvir música durante três dias.
A sua filha de nove anos quebra de propósito os brinquedos do irmão.	Tirar dinheiro de suas economias para comprar outro para o irmão, ou tirar-lhe um brinquedo semelhante e dá-lo ao irmão.
O seu filho de seis anos molha o banheiro todo ao tomar banho.	Fazer com que seque o banheiro.

É muito conveniente caracterizar as medidas disciplinares como uma *escolha da criança*, dando-lhe a opção de parar com a sua conduta inapropriada ou de enfrentar o castigo que essa conduta acarreta. Assim ela aprende a olhar para as *consequências* dos seus atos.

Um exemplo:

Pai: "Alberto, não posso permitir que incomode o seu irmão à mesa. Se tomar a fazê-lo, irá para o quarto sem acabar de jantar. É você que escolhe".
Alberto: "Está bem" *(mas recomeça gradualmente a incomodar o irmão).*
Pai: "Alberto, você voltou a perturbar o seu irmão; portanto, escolheu ir para o quarto sem sobremesa".

Quando você leva os filhos a escolher entre o comportamento disciplinado e o indisciplinado, obriga-os assertivamente a assumir a *responsabilidade* pelas suas decisões. No exemplo, foi o garoto quem escolheu continuar a perturbar o irmão, apesar de ter sido avisado da ação corretiva; portanto, foi ele que escolheu ir para o quarto.

Considere as medidas disciplinares como um acordo pré-estabelecido em bons termos. Por exemplo:

Mãe: "Pedro, não é hora de jogar futebol, é hora de arrumar a mesa".
Pedro: "Mas eu quero ir jogar, mãe".
Mãe: "Pedro, você já conhece a regra: não há futebol se você não arrumar a mesa antes".

As medidas disciplinares devem ser aplicadas quanto antes, já que qualquer demora dilui o seu efeito corretivo. Quando os seus filhos não o escutarem, você deve comunicar-lhes imediatamente o castigo e fazer com que cumpram. De qualquer modo, há casos em que é preferível adiá-lo para poder aplicá-lo a alguma coisa que o seu filho planeja fazer mais tarde ou até no dia seguinte. Por exemplo:

Maria (chegando tarde mais uma vez, sem ter avisado os pais): "Oi, papai".

Pai (sentando-se com a filha): "Maria, já lhe disse que não gosto de que você saia sem avisar para onde vai. Disse-lhe que, se tomasse a fazê-lo, teria escolhido ficar de castigo".

Maria: "Mas, papai, perdoe-me".

Pai: "Nada de «mas». A sua mãe e eu temos que saber onde você anda. Lamento que não nos tenha escutado e tenha preferido ficar de castigo. Assim, amanhã, você não irá à festa de aniversário da sua amiga".

Utilize as medidas disciplinares cada vez que o seu filho se comporte inadequadamente. A constância é essencial para demonstrar às crianças que você respalda as palavras com ações em todos os casos em que se faz necessário.

Nenhuma medida funcionará a menos que os seus filhos saibam claramente e com certeza que toda a conduta imprópria produzirá sempre uma consequência. Por exemplo:

Pai (ao filho que atrapalha continuamente a conversa entre as pessoas da família): "José, você nos está aborrecendo a todos. Como já lhe tinha dito, com esse seu mau comportamento você escolheu ir para o quarto por cinco minutos, até se acalmar".

O menino vai para o quarto, regressa passados os cinco minutos e continua a atrapalhar.

Pai: "José, não posso permitir que nos interrompa dessa maneira quando estamos conversando. Cada vez que você não consiga controlar-se, estará escolhendo ir para o quarto. Por favor, vá agora e fique ali por quinze minutos".

Pela tendência desintegradora e antissocial que todos temos, as crianças passam por períodos de má conduta como a mentira, o insulto, a falta de respeito, etc. Estas podem dirigir-se com especial agressividade contra os pais, porque são os principais educadores.

Para modificar esses comportamentos, é essencial que os pais nunca percam a calma. *Perder a compostura é reduzir a eficácia de toda a ação educativa paterna.*
Por exemplo:

Filho (irritado): "Não quero escutar".
Pai (calma e firmemente): "Já lhe disse que não posso permitir que você fale assim. Você escolheu ficar no seu quarto até que resolva falar-me com educação. E vai para o quarto agora mesmo".

Nunca cancele uma medida corretiva

Se determinada medida não funcionar, troque-a por outra, mas nunca anule uma ação disciplinar. Se o fizer, o seu filho nunca chegará a acreditar que você fala a sério.

Algumas medidas podem não dar resultado com todas as crianças, por mais coerentemente que sejam aplicadas. Se você tiver aplicado de maneira adequada uma medida corretiva, mas perceber que o comportamento dos seus filhos não melhora, experimente outras. Por exemplo:

Pai: "Manuel, quero que você brinque sem fazer barulho, porque não conseguimos ouvir música".
Manuel: "Está bem, papai" *(uns minutos depois, porém, recomeça a disparar a sua barulhenta metralhadora de plástico).*

Pai: "Manuel, essa metralhadora faz barulho demais; por favor, passe-a para mim".

Manuel: "Está bem, papai. Aqui está" *(e vai brincar com uma cometa, que novamente distrai toda a família).*

Pai: "Manuel, a sua cometa faz muito barulho. Já lhe disse que queremos ouvir música e que você deve brincar em silêncio. Passe-a para cá também".

Apesar de os pais terem sido consequentes ao tirar-lhe os brinquedos barulhentos, Manuel continua a impedi-los de escutar música. Será então necessário que recorram a uma medida corretiva diferente, como por exemplo:

Pai: "Manuel, você pode escolher: ou brinca em silêncio se quiser ficar aqui conosco, ou vai brincar sozinho no seu quarto".

Perdoar e esquecer

Uma vez que a criança tenha cumprido a medida disciplinar que ela mesma escolheu, o assunto está encerrado.

Não a faça acumular rancores ou ressentimentos recordando-lhe em ocasiões posteriores o seu mau comportamento passado; cada situação é nova. Ao invés de lhe lembrar as más condutas anteriores, manifeste-lhe confiança na sua capacidade de melhorar daí em diante. Por exemplo:

Pai (entrando no quarto do filho): "Já passou meia hora e acabou o castigo. Não gosto de trancar você no quarto, mas tenho obrigação de ajudá-lo a aprender como comportar-se".

> É preciso aprender a virar a página e a não ser importuno. Uma vez que o filho tenha cumprido o castigo estabelecido, o assunto está encerrado. Assim aprenderá que na vida estamos sempre começando e recomeçando.

Filho: "Já sei, mas eu gosto de fazer o que me dá na telha".
Pai: "Eu entendo, mas tenho certeza de que vai aprender. Não se esqueça de que sempre estarei aqui para ajudá-lo".

6.2. QUANDO OS FILHOS O PÕEM À PROVA

Quando você estiver educando os filhos com medidas disciplinares por condutas inapropriadas, seja prudente e vigilante, porque com frequência quererão pô-lo à prova para ver se realmente fala a sério. As crianças costumam testar a decisão corretiva dos pais chorando, sendo desafiadoras ou experimentando até aonde podem chegar.

> É frequente que as crianças ponham à prova a decisão corretiva dos pais, desafiando-os ou vendo até onde chegam. Isso é normal. Ter pulso firme nessas situações e resolvê-las satisfatoriamente ajudará os filhos a serem pessoas livres e responsáveis no dia de amanhã.

Êxito do filho que chora

Pai (observando como o filho bate pela segunda vez em outro garoto no parque): "Rafael, eu lhe disse que, se você voltasse a bater em outra criança, iria para casa. Portanto, vamos!"
Filho (desfaz-se imediatamente em lágrimas): "Papai, desculpe-me, não volto a fazer, mas deixe-me ficar".
Pai (preocupado com o choro cada vez mais intenso do filho): "Rafael, acalme-se e pare de chorar, não é para tanto".
Filho (ainda chorando): "Mas eu quero ficar aqui".
Pai: "Está bem, está bem, mas pare de chorar, que eu não aguento mais".

Êxito do filho desafiador

Filha (irritada): "Nem em sonhos pense que vou lavar a louça hoje à noite".
Mãe: "Cecília, eu lhe disse que, se você não me ajudasse, iria para o seu quarto por meia hora. Portanto, vá e não saia de lá".
Filha (furiosa): "Eu não vou para lá!"
Mãe: "Ah, vai sim!"
A mãe leva a filha para o quarto, mas a garota sai de lá cinco minutos depois.
Filha: "Não vou ficar no quarto, não aguento!"
Mãe (tensa): "Como não? Eu disse que você ia ficar no quarto. Estou farta das suas faltas de educação!"
Filha (gritando): "Foi você quem começou tudo. Sempre pega no meu pé!"

Mãe (com um gesto de derrota): "Deixe-me em paz, não aguento mais! Você nunca me obedece!"

Os pais que cedem quando são postos à prova pelos filhos ensinam-lhes a seguinte lição não-assertiva:

Se você chorar ou reclamar o suficiente, conseguirá o que quiser.

Os filhos aprendem assim a servir-se de diversas atitudes para conseguir o que querem: além de chorar, repetem incansavelmente a conduta imprópria, discutem com argumentos de aparente lógica, brigam e desafiam, porque estão certos de que, tal como aconteceu no passado, cedo ou tarde os pais cederão.

Para manter-se firme quando o puserem à prova e cumprir melhor a sua função de educador, você precisa aprender a responder assertivamente.

Nos exemplos que acabamos de ver, os pais foram postos à prova pelos filhos e fracassaram. Para que a atitude paterna fosse assertiva e, consequentemente, formativa, os casos deveriam ter-se desenvolvido da seguinte maneira:

Pai (observando como o filho bate pela segunda vez em outro garoto no parque): "Rafael, eu lhe disse que, se você voltasse a bater em outra criança, iria para casa. Portanto, vamos!"

Filho (desfaz-se imediatamente em lágrimas): "Papai, desculpe-me, não volto a fazer, mas deixe-me ficar".

Pai (calmamente): "Entendo que você queira ficar, mas você voltou a brigar e por isso vai para casa" *(disco riscado).*

Filho (ainda chorando): "Mas eu quero ficar aqui".

Pai (tomando o filho firmemente pelo braço e come-

çando a levá-lo): "Rafael, compreendo que fique triste, mas você voltou a fazer o que não devia e, assim, vai para casa" *(disco riscado)*.

Ceder às pressões, caprichos ou mau humor dos filhos é confessar-lhes que são mais fortes do que você. Significa ao mesmo tempo deixá-los, por fraqueza, à mercê dos seus impulsos temperamentais, sem permitir que vejam que uma personalidade sólida se constrói por meio da luta por adquirir virtudes.

Filho (joga-se ao chão com pranto histérico): "Não, não vou!"
Pai (levanta-o firmemente, mas sem perder a calma): "Rafael, nós vamos para casa, mesmo que eu tenha que arrastá-lo!"

No outro caso:

Filha (irritada): "Nem em sonhos pense que vou lavar a louça hoje à noite".
Mãe (calmamente): "Cecília, eu lhe disse que, se você não me ajudasse, iria para o seu quarto por meia hora. Portanto, vá e não saia de lá".
Filha (furiosa e desafiadora): "Eu não vou para lá!"
Mãe: "Ah, vai sim!"
A mãe leva a filha para o quarto, mas a garota sai de lá cinco minutos depois.
Filha: "Não vou ficar no quarto, não aguento!"
Mãe (levando-a novamente com firmeza para o quarto): "Se tornar a sair, ficará uma hora, o dobro do tempo".
Filha (irritada, volta a sair do quarto quase em seguida): "Não vou ficar!"
Mãe (olhando-a nos olhos e marcando bem cada palavra): "Cecília, você vai ficar no seu quarto por uma hora. Se tornar a sair antes de uma hora, vai ficar duas. Sou eu quem manda, não você".

É o comportamento dos pais, não-assertivo nos dois primeiros exemplos e assertivo nos dois últimos, que determina a diferença entre o êxito e o fracasso no exercício da autoridade, que é essencial para a formação dos filhos.

Quando os filhos o puserem à prova, faça-os saber que você está decidido a manter-se firme. "Você vai para o seu quarto", "você não sai daqui" ou "não me importa quanto você chore" são formas assertivas de dar uma ordem. Mantenha-se calmo diante dos argumentos ou malcriações que as crianças usam para pô-lo à prova; fale de forma enfática e decidida, mas serena, marcando bem as palavras. Se elas continuarem a discutir, utilize a técnica do "disco riscado" e as outras que já explicamos no capítulo anterior.

Manter a calma e a compostura diante dos caprichos dos filhos multiplica a eficácia da educação, pois transmite um modelo atraente de personalidade que servirá para toda a vida.

"E daí...?"

Há outra forma de manipulação que as crianças tentarão aplicar quando você lhes fixar limites. Diferencia-se dos exemplos anteriores por ter menos carga emocional, embora seja em muitos sentidos a mais difícil de suportar por parte dos pais. É a prova conhecida como o "E daí...?"

Algumas crianças utilizam-na com frequência. Você diz-lhes como devem comportar-se e qual será o castigo caso não obedeçam. Elas, ao invés de irritar-se, chorar ou discutir, respondem simplesmente: "E daí...?"

É difícil lidar com essa resposta, já que você provavelmente esperava que a reação fosse de medo, desconcerto ou irritação. A reação indiferente pode deixá-lo desconcertado e você se perguntará: "O que vou fazer? Nada funciona com este menino!" Mas não é verdade. Os filhos estão apenas tentando manipulá-lo, pois perceberam que esse tipo de resposta habitualmente o deixa perplexo.

As crianças do "E daí...?" não precisam de uma resposta do tipo disco riscado, mas de uma reação como a que exemplificamos a seguir:

Mãe: "Beatriz, você tem de fazer a lição de casa. Não vai usar o telefone nem assistir à televisão enquanto não tiver terminado".
Beatriz: "E daí? Pouco me importa".
Mãe: "A escolha é sua. Já que você não se importa, hoje não haverá nem televisão nem telefone".
Beatriz: "Mas hoje à noite vai passar o meu programa favorito...!"
Mãe: "Foi você que disse que não se importava. Seja como for, a escolha é sua. Se quiser assistir ao programa, termine primeiro a lição".
Beatriz: "Bom, está bem, faço já".

Os filhos que respondem "E daí...?" tentam apenas manipular os pais, porque na sua astúcia infantil percebem que os adultos se descontrolam facilmente e que essa resposta sempre os deixa sem argumentos. Não é que não se importem: as pessoas a quem mais interessam os prêmios e os castigos são as crianças.

Mãe: "Muito bem, meu amor. Fico contente com a sua decisão".

Se o assunto é realmente importante para você, também será importante para o seu filho...

Se você estiver disposto a usar de todos os meios apropriados e necessários para influir positivamente nos filhos, eles perceberão a sua determinação e começarão a preocupar-se com as consequências que terão de enfrentar se fizerem uma escolha imprópria.

Às vezes, a criança recorrerá ao "E daí...?" diante da ameaça de um castigo impraticável. Previna esse tipo de situações evitando prometer um castigo que não poderá impor, pois caso contrário você será ignorado e isso enfraquecerá a sua autoridade.

Por exemplo:

Uma mãe ficou exasperada porque foi buscar o filho à porta da piscina do clube e ele demorou a entrar no carro, continuando a conversar com os amigos. Ela gritou-lhe: "Alberto, se você não vier logo, vai a pé para casa". Quando o filho lhe respondeu desafiadoramente "E daí...?", a mãe ficou sem argumentos, porque não podia infligir-lhe o castigo de ir a pé para casa: a distância era muito grande. Este é um exemplo claro do que nunca se deve fazer.

Nunca ameace o seu filho com um
castigo que não poderá aplicar depois.
E nunca prometa um castigo sem
aplicá-lo depois, a não ser que seja
flagrantemente injusto.

Também não repita muitas vezes a mesma punição, pois esta vez surtirá cada vez menos efeito. Quando uma punição é aplicada pela segunda vez e não produz o efeito desejado, é preferível impor outra mais severa.

O bom senso dirá aos pais quantas vezes convém repetir a mesma punição ou alguma das técnicas corretivas descritas aqui. Os dois pais têm de ajudar-se mutuamente, atuando em equipe, alternando-se à hora de intervir no comportamento dos filhos, para evitar o desgaste e controlar a eficácia das medidas corretivas. Este trabalho de equipe faz com que tenham de reservar um tempo para conversarem entre si sobre temas que dizem respeito à educação dos seus filhos.

6.3. REFORÇAR POSITIVAMENTE

No capítulo anterior, assinalamos a importância das palavras de alento para estimular o bom comportamento dos filhos. Para algumas crianças, porém, e especialmente as muito pequenas, o elogio apenas pode não ser suficiente para motivá-las a melhorar de comportamento rápida e continuadamente. Com elas, é recomendável trocar os elogios por algo mais tangível, como privilégios ou prêmios especiais. Vejamos alguns exemplos:

– *Privilégios*: "João, já que você ficou brincando tranquilamente e sem incomodar ninguém, pode ir dormir uma hora mais tarde". Ou então:

Filho (sem que lho mandassem, põe o pijama, dobra a roupa e escova os dentes): "Pai, já estou pronto para ir dormir".

Pai: "Jorge, gostei muito de você fazer tudo sem que eu tivesse que dizê-lo. O que você acha de eu lhe ler uma estória?"

Para a maioria das crianças, o "tempo especial" dedicado a algo que lhes agrada, como brincar ou ouvir estórias, é o melhor privilégio que podem ganhar. Use esse recurso como reforçador sempre que puder.

- *Prêmios:* "Ana, como você me ajudou a pôr a mesa, convido-a a tomar um sorvete". Ou:

Mãe (depois de um jantar tranquilo, durante o qual os filhos não brigaram): "Vocês se portaram tão bem esta noite que podem pedir a sua sobremesa favorita". Ou ainda:

Pai (olhando o filho nos olhos): "Tomás, já lhe disse duas vezes que parasse de ser grosseiro com os seus amigos. Ou você os trata bem, como os amigos devem ser tratados, ou eles vão voltar para as suas casas".

Filho (nervoso): "Não quero que eles se vão. Eu não estou fazendo nada!"

O garoto afasta-se irritado e dez minutos depois recomeça a xingar os amigos.

Pai: "Tomás, você está importunando os seus amigos. Escolheu que eles voltem para as suas casas. Tenho certeza de que amanhã você brincará com eles sem magoá-los".

No outro dia, o pai observa Tomás brincando amigavelmente com os outros garotos que vieram a sua casa.

Pai: "Tomás, é assim que os amigos devem brincar, sem gozações nem brigas. O que você acha de comprarmos um sorvete para cada um?"

Muitos pais negam-se a premiar os filhos de outra forma que não seja a do elogio, pelo receio de criar maus hábitos, como o de só se comportarem bem para receber uma recompensa tangível.

Por exemplo:

"Não vou arrumar o quarto se você não prometer que vai ler um conto para mim".
"O que eu ganho se lavar os pratos?"

Isto não acontecerá, porém, se, ao recorrer aos prêmios, o pai deixa claro que é ele quem exerce a autoridade e toma as decisões.

Se você quiser deixar que os filhos escolham os prêmios que receberão por se terem comportado bem, estabeleça as opções entre as quais poderão escolher. Se os filhos tentarem extorquir-lhe prêmios com ameaças de mau comportamento, não o tolere de forma alguma. Jamais aceite condições ou ameaças. É você quem toma as decisões.

A concessão de um prêmio adequado e bem escolhido pelos pais constitui um reforçador positivo. Para motivar a criança a continuar com o bom comportamento, o prêmio deve ser algo de que a criança necessite ou que deseje, e algumas esforçam-se mesmo muitíssimo para ganhá-lo. Pergunte-se a si mesmo o que o seu filho gostaria de ganhar. Além de um objeto, pode ser participar de alguma atividade com você, como ir ao estádio ou ao cinema, alugar um filme ou ficar acordado até mais tarde.

Para reforçar bem o comportamento dos filhos, conceda-lhes os prêmios imediatamente após a boa conduta, embora possa haver casos em que seja preferível que se concretizem algum tempo mais tarde, como ao dizer: "Domingo, vamos ao estádio". Mesmo nesses casos, porém, o anúncio do prêmio deve ser feito logo após o bom comportamento.

O prêmio imediato aumenta o impacto da resposta positiva dos pais.

Para que o prêmio seja formativo, deve ser escolhido previamente pelos pais. Quando os filhos o recebem logo depois de uma conduta desejável, são reforçados positivamente, pois veem que as condutas certas têm consequências positivas.

Reforçar a curto prazo

Insistimos em que é muito importante que o *elogio*, o *privilégio* ou o *prêmio*, sempre que seja possível, sucedam imediatamente ao bom comportamento.

Os pais cometem repetidamente o *erro de oferecer*

prêmios a longo prazo. Não é produtivo, por exemplo, oferecer a um garoto de sete anos uma bicicleta nova para o próximo verão ou prometer-lhe um brinquedo para o Natal, quando ainda faltam vários meses até lá. Você deve reforçar o comportamento adequado dos seus filhos *continuamente*. Elogiá-los ou premiá-los apenas uma vez não produzirá os bons resultados buscados. Para obtê-los, você deverá fazê-lo durante vários dias ou ainda mais tempo, dependendo do comportamento de cada um. Por exemplo:

- elogiar a filha de quatro anos, durante toda uma semana, de cada vez que ela se veste sozinha;
- elogiar e premiar o filho de oito anos com a sua sobremesa favorita durante oito dias, cada vez que ele brinque amigavelmente com a irmãzinha menor;
- elogiar o filho de doze anos todas as noites, durante duas semanas, por ter feito com capricho e por iniciativa própria a lição de casa em cada um desses dias; e, no final desse período, premiá-lo com uma pequena quantia de dinheiro para que possa ir ao parque de diversões.

Quanto mais positivo você for com os filhos, menos terá que traçar-lhes limites.

EM RESUMO

Como resumo da necessidade de respaldar palavras com atos, tenha em conta os seguintes pontos:

1. São os pais que devem determinar limites equilibrados, mas firmes, quando se trata de disciplinar ou elogiar e premiar os filhos.

2. Sempre planeje a forma como respaldará as palavras com atos quando for preciso. Logo depois de dizer aos filhos o que quer que façam, pergunte-se: "Que farei se não me escutarem nem me fizerem caso?" Do contrário, a sua reação perante a desobediência corre o risco de ser tão afobada e irrefletida quanto inconveniente.

3. Decida uma medida corretiva eficaz.

4. Faça recair sobre a criança a responsabilidade, obrigando-a a assumir as consequências das suas ações: "Se você fizer tal coisa, sofrerá tal consequência".

5. Seja coerente. Cada vez que a criança se comporte de forma inadequada, ponha em prática a consequência que você programou, sem voltar atrás, desde que tenha a certeza de estar fazendo o que é correto.

6. Perdoe e esqueça: logo que a criança se disciplinar, o assunto está encerrado.

7. O contato físico é muito importante para as crianças pequenas. Utilize-o tanto quando as for repreender (por exemplo, segure-as suave mas firmemente pelos ombros), como quando for reforçá-las positivamente (por exemplo, abrace-as, acaricie-as, dê-lhes tapinhas nas costas).

8. Programe o reforço positivo. Quando a criança lhe der ouvidos e cumprir o que você lhe pediu, recorra ao elogio ou ao prêmio, que devem ser proporcionados ao bom comportamento do filho.

DOIS OBSTÁCULOS A SUPERAR

Quando os dois pais trabalham fora, pode faltar-lhes tempo para refletirem em conjunto sobre a conduta dos filhos. Nesse caso, o seu cansaço normalmente presta-lhes um enorme desserviço.

É comum que as mães exijam uma maior participação

da parte do marido, que, por sua vez, pode ter chegado a casa cansado de uma jornada de trabalho complicada e desejoso de um pouco de descanso, por exemplo de assistir ao telejornal sem ser incomodado.

Nesses casos, é importante evitar antes de mais nada a dissensão entre os cônjuges, que prejudica a sua função de educadores. É necessária uma compreensão carinhosa e paciente por parte da esposa, que deve saber proporcionar primeiro um momento de relaxamento e tranquilidade ao marido, para depois animá-lo a lidar com os problemas dos filhos.

Em tudo o que se refere à educação das crianças, a mulher costuma ter muito mais habilidade para lidar com a pressão dos problemas cotidianos e revelar uma intuição superior à do marido, pois está temperamentalmente preparada para isso. O seu principal estímulo é o afeto; já os homens, em geral, tendem mais ao raciocínio descarnado.

O homem tem muito mais dificuldade para lidar com os filhos, e por isso precisa de um tempo de preparação depois de chegar a casa; afinal, ele sabe muito bem que os problemas dos filhos, que compartilhará com a esposa, exigem dele um enfoque radicalmente diferente daquele que usou durante o resto do dia, na sala de cirurgia onde operava, no escritório ou na fábrica.

Outro obstáculo a superar é que muitas vezes os pais que dispõem de pouco tempo para estar com os filhos pensam *erroneamente* que, se durante esses escassos momentos em que estão com eles se dedicarem a corrigi-los, acabarão por perder o afeto das crianças. Não é verdade. As crianças precisam ser corrigidas nas condutas inapropriadas e estimuladas nos bons hábitos, especialmente por aqueles que mais os amam e que são os seus principais educadores.

7
ESTABELECER AS REGRAS DO JOGO

Reunir-se com os filhos e estabelecer as regras do jogo complementa o plano sistemático de educação e as técnicas que recomendamos para lidar com situações descontroladas. Os pontos que analisaremos a seguir servem para quando você perceber que todas as suas tentativas de melhorar o comportamento inapropriado dos seus filhos fracassaram.

Estabelecer as regras é um passo da maior importância porque lança os filhos para o futuro, para a conduta que deverão seguir quando forem adultos, e porque é uma maneira prática de ensinar-lhes desde o começo que eles e somente eles serão responsáveis pelas consequências dos seus atos.

Hoje em dia, devido a uma espécie de "sociologização" do homem, há uma tendência a atribuir às "estruturas sociais" a responsabilidade pelos males que sofremos, deixando a responsabilidade individual totalmente em segundo plano.

Ao estabelecer junto com os filhos as regras do jogo para o comportamento deles, tanto dentro de casa como fora dela, você estará plantando neles a semente da responsabilidade pessoal, intransferível, pelos seus atos.

Transmitir-lhes-á a ideia de que os nossos atos são um prolongamento externo desse "eu" que trazemos por dentro, que são "meus", que são uma manifestação da minha personalidade e que, para ter essa personalidade, devo assumir as consequências das minhas ações. Por outro lado, ao estabelecer as regras do jogo e as suas consequências, você os ensinará a usar o livre-arbítrio e a descobrir a voz da sua consciência.

Quando chega o momento de pôr em ação esse plano, o primeiro passo é reunir-se com os filhos e apresentar claramente o que você quer e quais as consequências que eles sofrerão se não obedecerem. Deverá ser uma conversa séria, na qual o pai e a mãe reafirmarão a sua autoridade em relação ao comportamento indesejado.

Exija do seu filho uma mudança de conduta e transmita-lhe a seguinte mensagem: "Não permitirei de forma alguma que você bata no seu irmão (especifique sempre a conduta que quer melhorar, para que a criança saiba com precisão o que se espera dela). Gosto demasiado de você para permitir que faça essas coisas impróprias, que prejudicam você e toda a família".

Diretrizes para uma reunião de definição das regras do jogo:

- Para aumentar a probabilidade de que o filho os escute, o pai e a mãe só devem chamá-lo quando ambos estiverem tranquilos. Não se deve tentar falar com a criança depois de uma grande briga ou quando um dos dois pais estiver tenso.

- Só devem participar da reunião um ou ambos os pais e a criança cuja conduta precisa melhorar. Ninguém

Convém apresentar as medidas corretivas como escolhas da criança, dando-lhe a opção de comportar-se bem ou enfrentar o castigo que a má conduta acarreta.

mais, quer seja irmão, avô ou empregada, deve estar presente.

- Se só um dos filhos se comporta mal, não permita que outro intervenha ou se intrometa na conversa.

- Estabeleça o que ocorrerá se o filho resolver cumprir as exigências que lhe marca, mas nunca discuta com ele, durante a reunião, os prêmios que você tiver fixado pelo bom comportamento. Se for necessário, pode-se discuti-los mais tarde, quando a conduta já tiver melhorado.

- Mostre claramente que o que acontecerá depende unicamente das escolhas do seu filho: "João, se você não fizer todos os seus deveres imediatamente depois do almoço, ficará em casa o resto do dia sem ver televisão. Se isto não bastar, ficará no seu quarto o dia inteiro".

- Explique-lhe como você acompanhará essas instruções, mesmo quando estiver ausente: "A sua mãe e eu ligaremos do trabalho todos os dias às quatro para ter certeza de que você chegou do colégio. Quando chegarmos, veremos se você fez a lição de casa. Se você não estiver em casa quando ligarmos ou não tiver feito a lição quando chegarmos, ficará o resto do dia sem ver televisão".

- Coloque o seu plano escrito de regras onde todos o vejam. Logo depois de ter acabado de falar com o filho e estabelecido as regras do jogo, ponha uma cópia do plano de forma bem visível num lugar movimentado da casa, por exemplo na porta da geladeira ou do quarto da criança. Isto agregará um grande impacto visual às suas ordens verbais e servirá para lembrar à criança que você realmente fala a sério. Além do mais, isso também ajudará os pais a perseverar no plano...

Escreva em cada folha do plano o nome da criança, o comportamento que se exige dela e o que acontecerá se ela não obedecer: "João fará as suas lições de casa antes do lanche. Se não as fizer, não poderá ir brincar com Paulo".

Caso você estabeleça uma hierarquia de correções, inclua a lista de consequências na ordem.

Por exemplo:

"Sofia obedecerá imediatamente. Se não quiser obedecer:
- Da primeira vez, escreverei o seu nome na lousa como advertência.
- Da segunda vez, irá para o quarto por dez minutos.
- Da terceira vez, irá para o quarto por vinte minutos, sem poder assistir à televisão nem brincar com os irmãos pelo resto do dia.
- Da quarta vez, irá para o quarto por meia hora e para a cama logo depois do jantar".

A lousa ou folha onde você faz essas anotações deve estar junto daquela que registra as regras do jogo do plano corretivo.

- Se você tiver problemas com dois ou mais filhos, pode reunir-se com todos eles de uma vez, embora seja sempre melhor falar-lhes separadamente, como sinal de respeito pelas suas individualidades.

- Certifique-se de que não haverá distrações enquanto estiver falando com um filho. Desligue a televisão ou o rádio, tire o telefone do gancho ou evite atendê-lo e peça às demais pessoas da casa que não entrem no quarto onde se fará a reunião.

- É muito importante que os pais atuem juntos. Primeiro devem pôr-se de acordo sobre o que exigirão e depois apresentarão essas normas conjuntamente ao filho, olhando-o nos olhos. Por exemplo:

Mãe: "João, estou muito preocupada com o seu comportamento. Não posso tolerar que fique vaguean-

do pela vizinhança e metendo-se em confusões depois de sair do colégio. Quero que venha diretamente do colégio para casa, sem andar por aí, e que faça as suas lições imediatamente".
Pai: "Estou de acordo com a sua mãe. Você já se meteu em muitas confusões depois do colégio. Você vai vir direto para casa e fará as lições".

Nunca expresse uma opinião contrária à do cônjuge diante do filho, sobretudo nesse momento, porque fatalmente a mensagem ficará enfraquecida.

- Finalmente, é de grande importância fazer o acompanhamento da conduta, como no seguinte exemplo:

    Filho (irritado): "Estou cansado de receber ordens!"
    Pai (põe com calma uma marca vermelha na folha de disciplina que está presa à porta da geladeira): "Eu disse que você não deve responder. Esta já é a segunda vez. Vá imediatamente para o quarto".
    Filho (choramingando): "Mas eu acabei de sair do meu quarto! A verdade é que vocês não me amam e não gostam de ficar comigo..."
    Pai (com calma): "João, a escolha foi sua. Quando conversamos com você ontem à noite, dissemos que não iríamos mais tolerar respostas mal-educadas. Portanto, vá logo para o quarto".
    (João comporta-se impecavelmente durante o resto do dia)
    Pai: "Estou muito feliz pela maneira como você se está comportando. Vou dar-lhe uma cruzinha. Quando você chegar a cinco, poderá ir dormir na casa do seu amigo Luis, como pediu".

- Lembre-se de criar um equilíbrio. Estabeleça limites firmes e depois reforce os filhos com apoio positivo.

Nada funcionará se você, como pai, não estiver disposto a respaldar as suas palavras com atos cada vez que o comportamento dos filhos assim o exigir. Reiteramos que, se você for fiel a este princípio essencial, a mensagem que transmitirá aos filhos será sempre: "Amo vocês demais para permitir que se comportem mal sem que eu faça tudo o que puder para ajudá-los".

8
SITUAÇÕES ATÍPICAS

A aplicação da Educação com Personalidade, embora em si mesma muito útil e eficiente, nem sempre terá êxito. São mesmo cada vez mais comuns as situações em que será insuficiente, e você não deve sentir-se culpado ou infeliz se um caso desses se apresentar na sua família. A experiência demonstra a eficácia deste método quando aplicado com ordem, firmeza e coerência, de acordo com o que mostramos nos capítulos anteriores. No entanto, é ineficaz nos casos em que a criança sofre de alguma patologia.

É importante tratar esses casos com a maior rapidez possível, porque costumam alterar toda a dinâmica familiar, uma vez que os filhos pequenos saudáveis tenderão a imitar as condutas impróprias de um irmão com problemas patológicos.

O aconselhamento sobre a dinâmica familiar nessas situações é de capital importância. Além disso, é imprescindível determinar também se existem patologias crônicas ou transitórias em algum dos pais.

Transtorno Atencional com Hipercinésia

A primeira situação patológica em que as técnicas educativas descritas neste livro não dão resultado é o chamado *Transtorno Atencional com Hipercinésia,* antes conhecido como Disfunção Cerebral Mínima.

As crianças que sofrem desse transtorno atencional são dispersas, ou seja, não conseguem manter a atenção concentrada no que fazem, como acompanhar as aulas na escola ou concentrar-se nas lições de casa ou em outra atividade doméstica. Os pais habitualmente veem-se obrigados a repetir-lhes diversas vezes as ordens e têm a impressão de que elas não lhes fazem caso. Além disso, essas crianças costumam agir de forma precipitada, interrompendo os outros, e normalmente não são capazes de esperar pela sua vez nas brincadeiras, tarefas e conversas.

Déficit atencional.

A hipercinésia que costuma acompanhar o déficit de atenção significa excesso de movimento ou hiperatividade. Manifesta-se na criança que tem dificuldade para dedicar-se a uma tarefa única ou de ser perseverante. Por exemplo, levanta-se frequentemente do seu lugar na sala de aula, começa uma lição sem ter terminado a anterior, frequentemente perde coisas como material escolar, brinquedos, roupas, etc.

Uma criança hiperativa também mostra frequentemente uma tendência a praticar atividades físicas perigosas, sem medir os possíveis riscos.

Déficit atencional com hiperatividade.

Embora haja muitas que, tendo feito testes específicos, demonstraram bom nível de inteligência, o mais provável é que tirem notas baixas na escola, com rendimento insatisfatório em aula, má conduta e queixas dos professores.

O Transtorno Atencional com Hipercinésia aparece muitas vezes associado a disfunções de conduta: as crianças que dele sofrem dirão mentiras, cometerão furtos, mostrar-se-ão briguentas e com poucos amigos, bem como desafiadoras e contestatárias diante das pessoas que detêm autoridade.

Sempre que houver suspeita dessa patologia, será preciso levar a criança a um especialista.

Depressão

Uma segunda situação atípica em que a criança provavelmente não responderá à educação, e por isso será necessário consultar um profissional, são os casos de *Depressão*.

É um distúrbio difícil de ser diagnosticado porque a criança não sabe dizer que está deprimida ou triste. Geralmente, mostra-se abatida ou então excessivamente irrequieta e agressiva; passa a ter insônia ou dificuldades para acordar de manhã, falta de apetite ou excessiva voracidade, choro frequente sem que seja capaz de explicar o motivo. Apresenta também uma queda no rendimento escolar, isola-se dos amigos e para de brincar, ou deixa de fazê-lo com a frequência habitual.

Se você perceber algum destes sintomas, mesmo que seja apenas um deles, não hesite em consultar um especialista para receber orientação.

Depressão.

Os tratamentos modernos conseguem combinar a psicoterapia e a medicação com o acompanhamento familiar. Ao contrário dos casos de depressão em adultos, as respostas costumam ser rápidas e as altas vêm em curto prazo.

Ansiedade

Em terceiro lugar, a ansiedade também deve ser considerada como atípica nas crianças, principalmente porque é uma causa de sofrimento para elas, mas também porque não responde à educação.

Existem dois tipos de transtornos de ansiedade: Angústia da Separação e Transtorno por Ansiedade Excessiva.

Uma criança com Angústia da Separação nega-se a ficar longe das figuras protetoras (os pais, os avós, um irmão mais velho, uma empregada) e recusa-se a ir ao colégio ou a cumprir outras obrigações que impliquem separação física. Pode ter dores de cabeça e de estômago. Geralmente, tem pesadelos intensos ou medo de dormir à noite.

Angústia da separação.

A outra forma de ansiedade denomina-se Transtorno por Ansiedade Excessiva. Trata-se de crianças inseguras e extremamente preocupadas com o seu desempenho na escola, nos esportes e na vida social. Fazem constantemente aos outros perguntas sobre si mesmas, a fim de se tranquilizarem, e vivem ansiosas por obter a aceitação das pessoas ao seu redor.

As duas patologias melhoram rapidamente com a ajuda de um psicoterapeuta infantil bem preparado e o acompanhamento familiar.

Transtorno por ansiedade excessiva.

9
FILHOS RESPONSÁVEIS

Há duas palavras-chave para os pais na educação dos filhos: compreensão e firmeza. A compreensão exige, além do vínculo natural de carinho, o acompanhamento coerente e constante dos problemas que a criança enfrenta e que podem traduzir-se em mau comportamento. A reação espasmódica e irrefletida de um pai diante de uma conduta inadequada de um filho é, na melhor das hipóteses, ineficaz, mas pode chegar a ser prejudicial.

Por outro lado, é necessário compreender que a desobediência, a irritação e a rebeldia fazem parte da personalidade infantil em formação. Corrigi-la é responsabilidade dos pais, juntamente com os educadores dos centros de ensino, exceto nos casos de perturbações patológicas, que, como vimos, requerem assistência médica especializada.

Os pais devem entender por que um filho se porta mal e ajudá-lo a corrigir a sua conduta por meio de uns passos coerentes e consecutivos que incluem a persuasão, a advertência, as formas não-violentas de castigo e umas formas de premiar que o incentivem a permanecer no bom caminho.

O complemento fundamental desse acompanhamento compreensivo é a firmeza na aplicação. Sem este ingrediente básico, toda a utilidade do plano educativo que acabamos de expor desaparecerá.

Firmeza significa exercer a autoridade paterna sem interrupção nem claudicações. Um pai fracassa na sua missão educativa quando cede, por pena ou cansaço, ao ver que o filho não se comporta nem reage da forma esperada, mesmo depois de ter recebido uma medida corretiva. Quando uma medida não surte o efeito buscado, recorre-se à seguinte, de acordo com os passos que detalhamos. Caso contrário, a vacilação e o desânimo paterno transmitem-se ao filho, induzindo-o à indisciplina ou ao agravamento das condutas impróprias.

Da combinação permanente e ordenada entre compreensão carinhosa e firmeza corretiva por parte dos pais dependerá a conversão do plano educativo num instrumento útil para criar filhos responsáveis com personalidade sã.

Bem aplicada, a Educação com Personalidade transmite aos filhos a mensagem de que os pais se preocupam com o seu bem-estar atual e futuro e com tudo o que fazem; mesmo que as crianças não gostem de determinada medida, sabem que é para seu bem.

Isso ajuda os filhos mais novos a desenvolver o controle das emoções e a aplicar cada vez mais a razão aos seus atos. A criança orientada por este caminho dirige-se para uma adolescência equilibrada e uma maioridade madura.

A infância bem orientada pelos pais é o primeiro grande passo na busca da felicidade ao longo da vida. E a felicidade, por sua vez, é determinada por uma boa administração das necessidades, com uma clara distinção entre o imprescindível e o supérfluo, e pela abundância de carinho.

O êxito na busca pessoal da felicidade depende de que cada pessoa seja orientada, desde os primeiros anos, para aproveitar ao máximo as suas qualidades e desprezar a desordem que se dá por uma vontade que tende ao egoísmo e uma inteligência que tende à superficialidade. O crescimento reto, guiado pelo "tutor" paterno que descrevemos no começo destas páginas, desempenha um papel decisivo no aprendizado de como ser bom e bem-sucedido.

A Educação com Personalidade ajuda os pais nessa tarefa difícil mas essencial de encaminhar a criança para uma vida reta. Mas as medidas que vimos não passam de um instrumento. A sua utilidade, como a de todo o instrumento, depende da sua utilização correta e adequada. A responsabilidade principal recai sobre os próprios pais.

O seu esforço responsável por educar os filhos com carinho, constância e firmeza, dia após dia, é o que produzirá filhos amadurecidos e os ajudará a ser felizes.

ÍNDICE

INTRODUÇÃO	5
1. NÃO HÁ EDUCAÇÃO SEM AUTORIDADE	9
Normas, critérios e modelos	14
Apoiar para crescer	17
Um grave erro antropológico	20
2. O QUE É A EDUCAÇÃO COM PERSONALIDADE?	25
Assertividade	27
Três princípios	29
Obstáculos	33
3. ALCANCE E LIMITES	37
4. O QUE NÃO SE DEVE FAZER	41
4.1. Respostas inseguras	41
Afirmações ineficazes	42
Perguntas (seguem-se frequentemente às afirmações ineficazes)	44
Pedidos	47
Ignorar as desobediências	48

4.2. Respostas hostis ou agressivas 51
  Castigos excessivos 55
  Castigos físicos 57

5. COMUNICAÇÃO EFICAZ 59
  5.1. Linguagem assertiva e clara 60
  5.2. Mensagens sem palavras 62
  5.3. Controle das discussões 66
    Técnica do disco riscado 66
    Técnica do nevoeiro 70
    Técnica da interrogação negativa 72
    Técnica da extinção 74
    Técnica do tempo fora 76
  5.4. Reconhecimento do bom comportamento 80
    O elogio 82

6. RESPALDAR AS PALAVRAS COM ATOS 87
  6.1. Ações corretivas 88
    Isolamento ("Pôr de castigo") 90
    Outras punições 90
    Proporcionalidade das ações corretivas 93
    Nunca cancele uma medida corretiva 96
    Perdoar e esquecer 97
  6.2. Quando os filhos o põem à prova 98
    Êxito do filho que chora 100
    Êxito do filho desafiador 100
    "E daí...?" 105
  6.3. Reforçar positivamente 108
    Reforçar a curto prazo 111
    Em resumo 112
    Dois obstáculos a superar 113

7. ESTABELECER AS REGRAS DO JOGO 117

8. SITUAÇÕES ATÍPICAS 125
   Transtorno Atencional com Hipercinésia 126
   Depressão 128
   Ansiedade 129

9. FILHOS RESPONSÁVEIS 133

Direção geral
Renata Ferlin Sugai

Direção editorial
Hugo Langone

Produção editorial
Gabriela Haeitmann
Juliana Amato
Ronaldo Vasconcelos
Daniel Araújo

Capa
Gabriela Haeitmann

Diagramação
Sérgio Ramalho

ESTE LIVRO ACABOU DE SE IMPRIMIR
A 09 DE MARÇO DE 2023,
EM PAPEL PÓLEN BOLD 90 g/m^2.